学級経営 DX

60のエピソードで示すデジタル活用の実践

阿部隆幸 編著

G学事出版

はじめに

　ここ数年、DX という英字を目にするようになりました。

　「デラックス（DX）ってなんだろ？　経済が落ち込んでいるので、豪華（デラックス）に振る舞おうということなのかな？」などと、のんきに構えていたところ、「2025年の崖[*1]」というキーワードとともに、またたく間に「デジタルトランスフォーメーション（DX）」という言葉が企業間を席巻しています。それを追うように教育界では「教育DX」という言葉も見聞するようになりました。私は、「これだ！」とピンときました。

　「アクティブ・ラーニング」「Society5.0」「個別最適な学び、協働的な学び」など、従来の学校教育の考え方やシステムを変えていこうとする動きがあります。これに加えて、DX という考えを学級経営に取り入れ、GIGA スクール構想と合わせて積極的に進めていくことで学校教育改革を一層加速できるのではないかと考えたのです。

　さて、学級経営で DX を推進しようとする場合、大きく以下の3つが考えられるのではないでしょうか。

---

①学級経営を積極的に学んでいる方を中心に、DX を進めていってもらう。
②ICT 活用教育を積極的に学んでいる方を中心に、学級経営の範囲で利活用できる考えや技術を進めていってもらう。
③いわゆる外注。DX をウリにする業者を招き、校内の DX を進めてもらう。

---

*1　経済産業省「DX レポート」（平成30年9月7日）にて提示された日本の近未来に対する警鐘。DX が注目されるきっかけとなった。

この本は、「①」です。つまり、まずは学級経営ありきということです。学級経営に力を入れている方、よりよい学級経営をされている方に、より理想を実現してもらう考え方としてDXを取り入れてもらうことを考えました。事実、最初はDXの実体を捉えかねていた執筆者たちがDXを理解していく中で、水を得た魚のようにデジタルを自在に使いこなしていく様は大変興味深いものでした。この様子は、第3章の座談会の内容から知ることができます。

本書ならではの特徴は、3つあります。

1つ目は、**デジタルツールではなく子どもの姿（エピソード）に焦点を当てた**ことです。学級経営のDXです。中心は子どもたちの姿です。**「どんなデジタルを使うか」ではなく、「どのようにデジタルを使ってどのように子どもたちが変化したか」**に注目してほしいです。

2つ目は、**ありふれたICTツールを用いたDXを心がけた**ことです。本書を手に取ってくださった方がすぐに実践できるように、多くの環境で使われているICTツールを中心とした活用の展開にしました。執筆者たちも実践研究校ではなく、一般の公立学校に勤める方々ばかりです。日々の学校教育活動から生まれたものばかりです。

3つ目は、**執筆者同士、オンライン会議や共同編集ツールを用いて、考え方の共有と互いの原稿のブラッシュアップをした**ことです。私を含めて、執筆者全員が対等に情報や意見を共有しつつ、できるだけ速やかに執筆活動を進めました。DXですから、情報共有しつつもスピードを重視して少しでも早く世に出すことに価値を置いたのです。まさにアジャイル（俊敏）です。

今の時代、デジタル技術やツールはどんどん更新されていきます。そこにこだわらず、**学級経営の考えを大切にしたDXの提案**です。ここに本書の最大の価値づけをしていただけたらうれしく思います。どうぞ、お読みください。ご活用ください。

令和5年1月　編著　阿部隆幸

［もくじ］

学習

特活・その他

第3章 座談会　学級経営 DX の
実践を通して考えたこと　151

第1章
学級経営DXとは

学級経営 DX のイメージ

　学級経営 DX とは「学級経営」と「DX（デジタルトランスフォーメーション）」を組み合わせた私たちの造語です。

　ビジネス界では「DX」という用語がこれからのビジネスを支えていく大事なキーワードとして用いられはじめたことをきっかけに、さまざまな言葉に「DX」を組み合わせる動きがあります。

　身近なところでは「教育 DX」です。例えば、浅野大介氏[1]は「教育 DX」を以下のように定義しています。

> 「学校の ICT 環境整備」のことではなく、整備した ICT 環境を活用した「学校のシゴトの構造」のトランスフォーメーション、つまり「生徒の学び方と先生の働き方の生まれ変わり」のことです。

　日経 BP 社から『よく分かる教育 DX』という MOOK 本が発行されるなど、一般的な用語として使われはじめています。

　そんな中、私たちは「学級経営 DX」という造語を用いて、学級経営のアップデートを呼びかけたいと思い至りました。

　まず、私たちが考える「学級経営 DX」を紹介しましょう。イメージしやすいようにイラストで紹介してみます。図1のような感じです。

　このイラストでは、教師から直接学んでいる子もいれば、デジタルデバイスを用いて他者と学んだり、インターネットやデバイス上の情報だけで学んだりしている子もいます。また、教室外から学んでいる子もいます。共通しているのは、各自の目標に向かって互いに認め合い、協力し合いながら思い思いに学んでいる姿です。その際、デジタルの力を借りて効率的に、効果的に進めていると想像できます。イメージできるでしょうか。

＊1　浅野大介『教育 DX で「未来の教室」をつくろう』学陽書房、2021年、17頁

図1　学級経営DXの教室イメージ

　このイラストを言葉で説明するならば、「デジタルによって人と人とをつなぐ試み」といえます。これは、台湾のデジタル担当大臣であるオードリー・タン氏がITとデジタルを区別するときに使う言葉を拝借しました。もう少し政策寄りの言葉で説明すると、文部科学省が推し進めようとしている「個別最適な学びと協働的な学びをデジタルによって促進させる仕組み」ということもできます。

　イラストを見たり、イラストの説明を読んだりして、どのように感じましたか。すでにあなたの教室はこのようになっていますか。それとも、子どもたちが各自バラバラで学習しているような学級なんてとんでもない！　授業というのは子どもたち全員が机をまっすぐ前に黒板に向けて教師の話をしっかり聞き続けることが基本であると主張されますか。イラストのような学級に憧れはするが、どのようにしたらこのようにできるのか道筋が見えなくて夢物語にしか感じられないと思われますか。

　教師であれば感じてほしいことは、20世紀後半から延々と続く子どもたちが黒板に向かって机を一斉に並べて教師の説明、指示、発問に答え続ける教室空間が破綻しかけているという事実です。本書は、この問題を「学級経営DX」という考え方を用いて乗り越えていこうという提案です。

学級経営 DX を定義する

　私たちが主張する「学級経営DX」とは何か、そして、どうして必要なのかを説明していきます。

　その前にDXという言葉を整理しておきましょう。DXをデジタルという名称からICTの利活用の別称と思われるかもしれません。しかし、DXとICT利活用は大きく異なります。

　DXという言葉の生みの親は2004年にスウェーデンのウメオ大学教授（当時）であったエリック・ストルターマン氏といわれています。彼は「ITの浸透が、人々の生活をあらゆる面でより良い方向に変化させる」[2]という仮説をたてて、これをDXと呼びました。経済産業省（以下、経産省）では、下のように定義しています[3]。

> 　企業がビジネス環境の激しい変化に対応し、データとデジタル技術を活用して、顧客や社会のニーズを基に、製品やサービス、ビジネスモデルを変革するとともに、業務そのものや、組織、プロセス、企業文化、風土を変革し、競争上の優位性を確立する

　経産省がDXを大きく取り上げているのは、世界各国に比べてDXが大きく遅れている日本において、「2025年の崖」と呼ばれる大きな困難が待ち受けているとするからです。経産省からの提言を受けて、今ビジネス界では粛々と改革（DX化）を進めているところが多いことでしょう。

　この経産省の定義をもとに、久富氏はDXを教育の世界へ翻訳する試みをしています[4]。図2をご覧ください。

＊2　Eric Stolterman, Anna Croon Fors."Information Technology and The Good Life". Umeo University. 2004.

＊3　経済産業省「DXレポート〜ITシステム「2025年の崖」の克服とDXの本格的な展開〜」平成30年9月7日

＊4　久富望「教育DXの定義と考察」『日本デジタル教科書学会発表予稿集』10(0)、日本デジタル教科書学会、2021年、31-32頁

経産省の定義 ⟶	教育の世界へ
・企業が	・教育機関が
・ビジネス環境の激しい変化に対応し、	・子供たちの暮らす社会の激しい変化に対応し、
・データとデジタル技術を活用して、	・データとデジタル技術を活用して、
・顧客や社会のニーズを基に、	・（地域社会が育んできた教育理念と融合しつつ）子共・保護者や社会のニーズを基に、
・製品やサービス、	・学習環境や授業方法、
・ビジネスモデルを変革するとともに、	・学校運営モデルを変革するとともに、
・業務そのものや、組織、プロセス、	・授業そのものや、学校組織、意思決定、
・企業文化、風土を変革し、	・学校文化・風土を変革し、
・競争上の優位性を確立する	・未来に生きる子共たちに人生の豊かさを享受してもらう

図2　ＤＸを教育の世界へ翻訳する試み（久富（2021）をもとに筆者作成）

　文節ごとに教育の世界に合わせた形に翻訳しているところが興味深いです。特に注目すべきは、文末です。経産省のDXの定義では「競争上の優位性を確立する」としているのに対し、久富氏は「未来に生きる子供たちに人生の豊かさを享受してもらう」としています。ここがビジネスと教育の世界で大きく異なる点であり、教育の世界へDXを翻訳する場合に大きく意識を向けるべきところです。教育世界に生きる久富氏だからこその翻訳といえます。

　ただし、経産省の定義も、それを参考にした久富氏の定義も、一言一言を丁寧に吟味しながら作成されたからなのか、言葉づかい、言い回しが難しくすんなりと頭に入ってきません。そんな中、須藤憲司氏が整理したDXの定義を見つけました[5]。

　　デジタルを活用して、圧倒的に優れた顧客体験を提供し、事業を成長させること

　これは、経産省の定義をうまく包含する形で作成されており、頭にも

＊5　須藤憲司『90日で成果をだすDX入門』日本経済新聞出版社、2020年

入りやすくすっきりして
います。

　須藤氏の定義と経産省
の定義を対応させた図3
をご覧ください。経産省
の言葉がうまく集約され
ていることがわかると思
います。

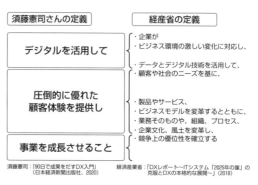

図3　DXの整理

　これら、経産省、須藤
氏、その他の識者の定義の共通点は、既存の考えや内容や方法をデジタ
ルに変換するだけではDXとはいわず、デジタルを手段として用いて目
の前の目的を達成させることにあります。

　このビジネス界生まれのDXを久富氏のように教育の世界に持ち込も
うとする動きが見られるのは、ビジネスの世界以上に既存の仕組みにが
んじがらめに縛られている学校教育に必要だと考える方が多いからと考
えます。私たちは、この須藤氏の定義を利用して、学級経営DXの定義
を以下のように考えました。

> 　デジタルを活用して、圧倒的に優れた学級生活体験を提供し、人
> 間として健やかに成長してもらうこと

　図4から須藤氏が定義
したDXと私たちが定義
した学級経営DXの定義
との関係性がわかると思
います。学級経営のさま
ざまな部分にデジタルを
媒介して進めていくこと
で、効率的、効果的、合

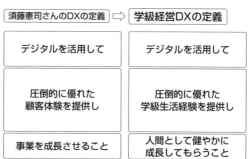

図4　学級経営DXとは

理的に学校教育活動を行えると同時に、「人間として健やかに成長してもらう」ための手助けになると考えます。

学級経営 DX と ICT 利活用教育との違い

ICT 利活用を目的とした ICT 利活用教育とデジタルを介して健やかな成長を願う DX は大きく異なります。例えば、DX 化を考えるには「デジタル化のレベル」という考え方があります。図5のように整理できます[6]。

アナログ Analog	デジタイゼーション Digitization	デジタライゼーション Digitalization	DX Digital transformation
紙に印刷された情報、口頭での情報交換、手作業のこと	情報のデジタル化を行い、データにすることで受け渡し、利用を簡単にすること	デジタルデータを用いて利便性を高めたり、新しいサービスを作ること	データとデジタル技術（クラウド・AI等）を使い、売上や利益を伸ばす仕組みやビジネスモデルを新しく創ること
例： • 紙・FAX・新聞・電話 • レコード • 小売店舗 • 車	例： • Eメール • WEBニュース • デジタル音楽 • POS • カーナビ	例： • チャット • 日本経済新聞電子版 • YouTube • EC • 渋滞情報	例： • 電子マネー・ビットコイン • 遠隔医療・教育 • 個人間商取引 • サブスク・自動運転

図5　デジタル化のレベル（黒川ら（2021）をもとに筆者作成）

デジタル化のレベルは、「アナログ（Analog）」「デジタイゼーション（Digitizetion）」「デジタライゼーション（Digitallization）」「DX（Digital Transformation）」と変化します。

具体的に、企業と消費者のやりとりを考えてみましょう。

「アナログ」では、離れた企業と消費者とのやりとりをする手段は手紙、電話、FAX でした。

「デジタイゼーション」は「既存のものをデジタル化しただけ」とい

＊6　黒川通彦・平山智晴・松本拓也・片山博順『マッキンゼーが解き明かす生き残るための DX』日本経済新聞出版、2021年

えます。例えば、電子メール（Eメール）です。これは紙の手紙が電子上の手紙に変化しただけです。これでも、取り扱いが楽になったり、保存が便利になったりと利便性が向上しました。

「デジタライゼーション」は「デジタル技術で個別のやり方・プロセスを変えること」を指します。例えば、電話応対をメールや質問フォームを用いて24時間365日受付とし、簡単な内容はAIが応対できるようにすることです。

「DX」は「デジタル技術によってあり方が変わる」ことを指します。今までは、消費者は企業の都合に合わせてやりとりをしなければならなかったのが、デジタル技術の発達によって消費者主体で、個別に最適化されたやりとりができるようになろうとしています。この場合、DXにより、企業主体から消費者主体へとあり方が変わったといえます。

私たちの生活はDXによって、考え方や形態が無意識のうちにどんどん変化しています。例えば、代表的なDXの技術がサブスク（サブスクリプション）です。サブスクとは、「定期的に料金を支払い利用するコンテンツやサービスのこと」です。DXの考え方が広まる以前から存在したサービスですが、インターネットの普及と高速化、書籍や音楽、映像のデジタル化、クラウドサービスの一般化等が組み合わさって一般的な価値観として広まりました。例えば、サブスクが一般化する前は書籍やCDやDVDは所有するものであり、更新されないものだったのが、電子書籍の読み放題サービスや音楽配信、映像配信サービスが一般的になり、そのコンテンツ（内容）は日々更新されるようになっています。このサービスの広がりにより、商品を「所有」するのではなく一定期間「利用」するという価値観が広まりました。

ここで大切なことは、利用者側の価値観が変わった後にそのようなデジタル技術が生まれたのではなく、デジタル技術の開発や提供があって利用者側の価値観が変わったということです。これがDXの本質といえます。

さて、今度はデジタル化のレベルを学校教育に当てはめてみましょう。

ここでは「学級日誌」を考えてみます。

「アナログ」では、担任が用意した学級日誌ノートに当番が輪番で書いていく感じでしょうか。

「デジタイゼーション」は「既存のもののデジタル化」です。ワープロソフトや学級日誌ソフト等を利用して学級日誌を当番が記入する形でしょうか。この場合、ノートという物理的なものがなくなるので大量に長期的に保存できるよさが生じます。

「デジタライゼーション」は「デジタル技術で個別のやり方・プロセスを変えること」です。クラウドを利用して学級日誌を共同で記入したり、編集したりできます。

「DX」は「デジタル技術によってあり方が変わる」ことです。例えば、学級日誌を単に1日の学級の出来事を記録する役割で終わりにするのではなく、級友や異なる学校・学級の友人と内容を共有したり、感想や意見を交換したり、良好な人間関係を構築するツールとして使うことができるかもしれません。こうなると、学級日誌は単に記録を蓄積するためのものから、情報を交換する役割を持つことになります。性質が随分と変わります。

具体例からわかる通り、DXは単純なアナログの代替やデジタルのよさを活かすだけといった技術、方法の移行だけではなく、デジタルによって目の前の仕組みの考え方やあり方をも揺さぶるところに特徴があります。

学校教育でDXを推し進める際に、参考となる尺度として「SAMR（セイマー）モデル」を紹介しておきます。

フィンランドのプエンテドゥラが考案[7]したSAMRモデルとは、「ICTを授業等で活用する場合に、そのテクノロジーがこれまでの教授方略や学習方略にどのような影響を与えるかを示す尺度」[8]のことです。

＊7　Ruben R.Puentedura：A Brief Introduction to TPCK and SAMR.（http://www.hippasus.com/rrpweblog/archives/2011/12/08/BriefIntroTPCKSAMR.pdf）

＊8　三井一希「SAMRモデルを用いた初等教育におけるICT活用実践の分類」『日本教育工学会研究報告集』14（2）、日本教育工学会、2014年、37-40頁

プエンテドゥラは、図6のように4つの側面でテクノロジーを捉えることを提唱しています。

SAMRモデルは「代替（Substitution）」「拡大（Augmentation）」「変形（Modification）」「再定義（Redefinition）」と進むに

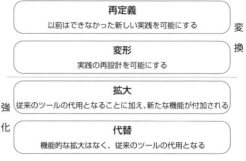

| 再定義 |
| 以前はできなかった新しい実践を可能にする |

| 変形 |
| 実践の再設計を可能にする |

変換

| 拡大 |
| 従来のツールの代用となることに加え、新たな機能が付加される |

| 代替 |
| 機能的な拡大はなく、従来のツールの代用となる |

強化

図6　SAMRモデル（三井、2014）をもとに筆者作成

つれ、授業等に大きな影響を与えるとされ、「代替」と「拡大」は「強化」に、「変形」と「再定義」は「変換」にカテゴライズされます。

具体例として、三井氏が説明している内容[*9]を私なりに端的にまとめて提示します。

【作文の授業の例】

代替→従来は、原稿用紙に書いていたものを、ワープロソフトで書く。これは、書くという行為に関して、機能的な拡大は見られないからである。

拡大→ワープロソフトで自動的に文章校正（スペルチェック等）を行う。従来は、教師のチェックや子ども同士の相互チェックを行っていたことが、テクノロジーの導入により自動で行えるようになるからである。

変形→書いた作文を相互に発表し、感想を述べ合う従来の授業に、タブレットPCを取り入れ、発表場面を撮影し、その動画をもとに感想を述べ合う。これは、授業デザイン自体が大きく変化するからである。

再定義→テレビ電話システムを活用して他校との作文の交流授業を実施したり、作文発表の様子を動画配信で同期的に家庭に

＊9　前掲、三井2014

　配信したりする。

　このまとめは2014年のもので、GIGA スクール構想発足前で、かつ、コロナ禍が予想できない段階のものだったことを付け加えておきます。

　DX が目指す「デジタル化のレベル」と ICT 教育に関連する「SAMR モデル」は学校教育から見ると、重ねて考えることで新たな教育活動のヒントになると思われます。例えば、デジタイゼーションと代替、デジタライゼーションと拡大、DX と変形と再定義、を対応させて考えていくことが可能でしょう。

学級経営を再定義

　ところで、なぜ私たちは学級経営に DX を組み合わせたものを提案しようとしているのでしょうか。それは、DX を通して学級経営を再定義したいと考えるからです。

　石上氏は小学校に勤務する初任者教諭を対象としたインタビュー調査から「初任の葛藤・困難の中心にあるのは学級経営上の課題であることが示された」[*10]としています。

　従来、不安を抱える初任者を助け、導いていく役割の先輩教師は今、自身のことで精一杯で初任者に気を配ることができにくくなっています。それは、世は不安定（Volatile）、不確実（Uncertain）、複雑（Complex）、曖昧（Ambiguous）な VUCA（ブーカ）な時代[*11]になり、従来の正解が失われ、個別最適な学び、協働的な学びを土台に価値転換をしていかなければならないにもかかわらず、学校現場では教師の仕事の多忙化で教育思想や教育技術を共有したり、アップデート（更新）したりする余裕がないからと考えられます。

　ぜひ、本書を通して、学級経営のトランスフォーメーション（変形、

*10　石上浩美「学級経営・学校経営に関わる若手教員の意識と課題：戦後教員養成の歴史的変遷をふまえて」『教員を育て磨く専門誌 Synapse』2015年3月号
*11　山口周『ニュータイプの時代 新時代を生き抜く24の思考・行動様式』ダイヤモンド社、2019年

再定義）をしてもらえるとうれしく思います。

第2章を通して本書が主張したいこと

　本書は60の学級経営DXの実践を紹介するものであり、デジタルツールやサービスの使い方や仕組み等を説明するものではありません。もちろん、デジタルを介しての実践紹介ですから、デジタルを得意としない方にも理解していただくために、デジタルツールやサービスの意味や使い方の簡単な説明は入れてあります。加えて、すべてではありませんがQRコードを介してリンク先にジャンプすることで、使い方やデジタルツールを用いた成果物等を詳しく知ることができるように工夫しています。DXの内容とは別に、デジタルツールを詳しく知りたい方は本書の内容と組み合わせてお使いください。

　本書は60の実践を通して、「学級経営DXっていいな、明日から取り組んでみよう！」と思ってもらえるようにページ構成と内容を考えました。特に2つのことを強調します。

　1つ目は、「エピソード」です。学級経営DXの実践を行っていく中で見られた特徴的なエピソードを取り上げて紹介しています。デジタル（ツールやデータ）を介しての子どもたち同士のやりとり、子どもと教師のやりとりを具体的に紹介する中で、「デジタルを活用する」という目先の目的を超えた「デジタルを活用して、圧倒的に優れた学級生活体験を提供し、人間として健やかに成長」していく過程（プロセス）を頭の中に思い描いていただきたいと思います。

　2つ目は、「DXポイント」です。きっと、読者の方の多くが「エピソード」を読んで従来の学級経営とはどこかが異なると感じてくださると思います。それを実践者＝執筆者が意識して言葉にしたのが「DXポイント」です。

　学級経営DXは、学級経営のあり方や考え方といった価値観の転換を目指していくという性質上、60の実践を見ていくと、ある特定の価値観

に依拠していることが見て取れます。

それは、

・教師主体（教師視点）から学習者主体（学習者視点）へ

・与えられる学習活動から自ら参加し生み出す学習活動へ

です。学級経営DXを推進する側は学校であり、教師です。そういう意味では学級経営DXの主語は「学校、教師」になります。しかし、その実現は学習者目線で考えるというところに依拠しており、主体は学習者（子ども）であることを確認しておきます。

教室前面に配置された黒板とチョークは、多数の子どもたちを前に向かせて、一斉に説明しやすくする装置でした。それに反して1人1台のインターネット端末とクラウドという仕組みは、個別に最適化された学習、協働的な学習がしやすくなります。しかし、価値観の転換が図られなければ、せっかくの1人1台のインターネット端末があっても、一斉に説明する装置として強引に使えます。DXできる環境にありながら、デジタイゼーションや代替あたりの活用で止まってしまっている実態を目にします。とても残念なことです。

理想をいえば、先に例示したサブスクのように、特定のデジタルツールやサービスを導入することが価値観の転換を自動的に引き起こすことでしょう。サブスクはその結果「商品の所有」から「商品の一定期間の利用」という価値観の転換をもたらしました。

本書でも、学級経営においてこのような価値観の転換を目指したいと考えます。しかし、学校教育においてサブスクのようなツールやサービスは思いつかない、とおっしゃる方もいるかもしれません。本当にそうでしょうか。私たちはそうは思いません。

そもそも、サブスクという用語が流布したのは比較的最近の話ですが、サブスクのもともとの意味である「定額で一定期間使い放題」というサービスは賃貸住宅や新聞の定期購読などのように昔から存在しました。ここに、高速で大容量のインターネット回線が普及し、書籍や音楽、映像などをクラウドに保存することができるようになり、デジタルを身近

に使いこなせる人たちが登場して「商品の所有」から「商品の一定期間の利用」へ価値観を変化させていったわけです。私たちもこれを目指します。

　加えて、すでにDX以前に「学習者主体（学習者視点）」や「自ら参加し生み出す学習活動」を推し進めていた方にデジタルを活用してもらって、より「学習者主体（学習者視点）」や「自ら参加し生み出す学習活動」が実現しやすくなった実践を紹介してもらえるとよいと考えました。

　本書の執筆者の中にはそんな方が何人もいらっしゃいます。この方々が、水を得た魚のように、加速装置を身に付けた「サイボーグ009」のように（古くてすみません）、デジタルを利用して、トランスフォーメーションを簡単に進めていく様子を見ることができました。

　すると、卵が先か鶏が先か、つまりDXを呼び起こすデジタルツールやサービスが先で価値観の転換が起きたのか、もともと価値観の転換をしている実践者がデジタルツールやサービスを活用したのかといったことにこだわる方、興味を持つ方がいらっしゃるかもしれません。しかし、そこに私たちの思いはありません。私たちは、読者の方にDXを呼び起こすデジタルツールやサービスと価値観の転換を同時に得てもらえればうれしいですし、そんな方々と学級経営DX仲間として日本の学校を、学級をよりよく発展させていきたいという思いでいっぱいです。

（阿部隆幸）

第2章
学級経営DXを
実践しよう

01
デジタル予定表を作成して活動の見通しを持とう

● DX でこんな実践が！

　今日1日の予定。教室前面に掲示することが多いと思います。見やすく簡単に変えられる便利さはありますが、授業の内容や場所、準備物などしか掲示の範囲を考えると書けません。子どもたちが自分の都合を自分の書きたいときに書き込めたら理想的ではないでしょうか。クラウド上にある週予定に、

クラウド上のデジタル予定表

コメント機能を活用することで自分の予定をメモして自己管理することができます。

● 進め方

①教師は事前に「Google スプレッドシート」で週予定を作成します。
②共有ボタンから閲覧者（コメント可）にしておきます。
③各自、帰りの会に週予定（「Google スプレッドシート」）を開きます。
④コメント機能を使って、自分の予定を週予定上に書き込みます。

● 活動の実際＆エピソード

帰りの会で週予定を確認し、メモ（コメント）をしている様子です。
A「金曜日にある総合のプレゼン発表の資料、まだ完成してないね」
B「前日リハの前には完成したいから水曜の昼までに完成させない？」
A「いいね、そうしよう」
B「じゃあ、予定表に書き込むね」
A「……んっ！　ほかのグループも同じ日を締切りにしている！」
B「ほかのグループどこまで進んだかな？　聞いてみない？」

Ａ「うん、聞いてみよう！」

　その日の業間や空いている時間に、ＡさんとＢさんが課題に取り組む様子が見られました。ほかのグループも同じように課題に向き合っていることを知り、少しホッとした様子でした。また、友達の書き込みを見て、Ｃさん、Ｄさんも予定を書き込もうとしています。

Ｃ「先週イベント係が週予定に予定を書いて人が集まっていたから、私たちもイントロドンを来週の水曜日の業間にやるって書いておかない？」

Ｄ「いいね！　みんなが見てくれて参加してくれるかも！」

　計画倒れになることもありますが、何度も経験するうちにさじ加減がわかってきます。トライアル＆エラーを繰り返す子どもたちを見守ります。

● DX ポイント！

　予定を書き込むことで責任感が生まれます。自己管理が定着してくると委員会活動の担当なども含めて「忘れ」が減ります。友達と話し合いながら、一緒に計画を立てたうえで書き込めることが共同編集の強みです。「友達と一緒に立てる計画」が心強いと子どもは話します。また、複数の目で予定を確認することができれば、誰かが予定を忘れたとしても何とかなる。そんな空間を意図的に作ります。

● デジタルツール・ワンポイントアドバイス

　解決した予定は「解決済み」ボタンを押します。注意しなければいけないのが、他人のコメントを勝手に「解決済み」にしてしまうことです。そのときは履歴から再開すれば復活します。コメント機能を開く際にはショートカットキー（Ctrl キー＋ Alt キー＋M）も便利です。また、コメント機能を使わずに、週予定をそのまま「コピーして作成」を押して、自分流にカスタマイズすることも可能です。実際に取り組んだ子は、自分で授業の内容やポイント、持ち物などをセルの中に書き込んでいました。「Google スプレッドシート」の詳しい使い方については、ネット上にたくさん記載されていますので、参考になさってください。　　（髙橋恵大）

02
プロフィールカードを作って
気軽な自己開示をしよう

🔊 DX でこんな実践が！

　掲示物として目にすることのあるプロフィールカード。デジタル化することでつねに自分で更新することができ、動画や画像も添えて自分の成長を記録できるようになります。自分の成長を自分で知るためのプロフィールカードができあがります。

プロフィールカードをデジタル化

🔊 進め方

①顔写真、名前、自分の好きなこと、自分の長所など全員に記録してほしいことをスライドの1枚目に書き込みます。

②2枚目以降は自分が成長したことやがんばったこと、うれしかったことを記録していきます。

③自分の好きなタイミングで更新します。習慣になるまでは曜日を決めて帰りの会で組み込むなど定期的に取り組みます。

④学期末などにスライドを使って自分の成長を紹介し、友達にフィードバックをしてもらえる機会を作ります。

🔊 活動の実際＆エピソード

　学期末。自分の成長を学習グループの友達と振り返っている様子です。
A「私ががんばったと思うことはルパン三世を木琴で上手に演奏できるようになったことです。この動画を見てください」
　スライドの再生ボタンを押して記録していた演奏を見せる。
B「すごい、上手だね！」
C「Aさんはすごいがんばって練習していたよね、このとき」
A「最初は楽譜も読めなかったけれど、家でドレミを書いてきて、授業

中にもがんばってできるようになりました」

　真面目でがんばり屋さんのＡさん。道徳の授業では、「私は長所なんてないからなぁ」と自分のよいところを自分では言えませんでした。記録を続け、事実を積み重ねることで、まずは自分のがんばりを自分自身の姿で振り返ることになります。また、友達に自分の姿を伝えたり、友達からのフィードバックをもらったりすることで自分の姿が言語化され、自分のよさとして認識できるようになります。

Ｂ「次、僕の番ね。図工のころがる君の旅をうまく作れたのがうれしかったです。体育でも三点倒立をできるようになりました……」

　100人いれば100通りのプロフィールカードができあがります。自分で見つけた自分だけの長所がそこには表れてきます。この活動の最後に新しく見つけた自分のよいところを記入しました。「あきらめないでどりょくする」。Ａさんは自分の長所に書き加えていました。

⬤▶ DX ポイント！ ‥‥‥‥‥‥‥‥‥‥‥‥

　国語のスピーチ、音楽、図工や体育などの学習場面や係活動、行事に取り組む姿など学校生活のさまざまな場面を「自分の成長」を軸に記録していくことができます。記録するだけでは、内省を促すことは難しいので、友達に自分の成長を紹介したり、新しく見つけた自分の長所を振り返って記入したりする言語活動を取り入れていくといいでしょう。また、本実践で紹介した活動のほかにも、家庭に持ち帰って家族に紹介することで、家族からフィードバックをもらうこともできます。

⬤▶ デジタルツール・ワンポイントアドバイス ‥‥‥‥

　いつでも自分で更新できることがこの実践で最も重要なポイントです。子どもが簡単に編集できるツールを使うとよいでしょう。「ロイロノート」であれば、本体のカメラ機能で動画を保存（オフラインで可）→新規のシートに貼り付けるという２ステップで記録を残せます。「Google スライド」のようなプレゼンテーション作成ツールでも代用可能です。　（武田直樹）

03

互いのよいところを見つけて ぽかぽかメッセージを贈ろう

DX でこんな実践が！

　帰りの会や道徳の時間などに行っていたお互いの長所やがんばったことを伝え合う活動をデジタルで行います。それによって、いつでも友達の心を温めるメッセージを贈ったり、受け取ったりすることができます。

「Google スプレッドシート」の画面

進め方

①共有フォルダ上にぽかぽかメッセージのスプレッドシートを準備します。タブの名前を子どもの出席番号と名前にし、子どもたちがすぐに書きこみたい友達のシートを開けるようにします。

②友達のいいところやがんばっていること、ありがとうの気持ちを書きこんで、みんなの心を温めていくことを伝えます。

③「メッセージが書かれていない子」がいなくなるように、がんばったことを観察するモニター役を週替わりで分担します。全員のシートにある程度の量のメッセージが書き込まれる仕組みを作ります。

④期間を決めて、期間中に自由にぽかぽかメッセージを書き込みます。軌道に乗るまでは5分程度時間をとって全員で書き込んだり、自分へのメッセージを読んだりする時間を確保します。

活動の実際＆エピソード

　ぽかぽかメッセージの書き込みをはじめて1週間。教室のあちこちで友達と集まってメッセージを書いたり読んだりする様子が見られるようになった休み時間の様子です。M男がぽかぽかメッセージのシートにひとりで書き込んでいます。「休み時間まで熱心に書き込んでいてすごい

ね」と話しかけると「先生見て！おれのページに書いてくれた人がたくさんいるんだ」とうれしそうに自分に贈られたメッセージを見せてくれました。「パソコンの操作に関することが多いかな」と少し誇らしげなM男。「どれもうれしいメッセージだよね」と伝えるとうれしそうに頷いていました。「おれもがんばってできるだけ多くの人に書くんだ」と話し、また画面に向き合っていました。M男は学年最後の学活での担任への一言で、「ぽかぽかメッセージのようなほかの人を大切に思う取り組みをしてくれてありがとうございました」と話していました。M男にとって、友達からコンピュータで受け取ったたくさんのメッセージが自分の心を温めるものとして残ったのでしょう。これからSNS等での文字文化の中でさまざまな人と向き合っていく子どもたち。コンピュータ上の言葉でも人の気持ちを温かくできるという正の側面を教室の日常の中で学ぶことができるといいと思います。

● DXポイント！

　帰りの会や道徳などでも贈り合うメッセージがデジタル化されることで場所や時間、道具の制約がなくなります。自分のペース、タイミングで取り組むことでより多くのメッセージを贈ったり、受け取ったりすることができます。本実践は学級の中で行った実践ですが、学級を超えた学年での取り組みやたてわり交流での取り組みなどデジタル化された特徴を生かして、さらに活用の場を広げていくことができそうです。

● デジタルツール・ワンポイントアドバイス

　人数分のシートを準備してファイルを開かせる方法もありますが、スプレッドシートのタブで友達のページを行ったり来たりできる気軽さがメッセージの書き込みを促すのに一役買います。1枚のスプレッドシートを学級全員で共有して使うため、誤操作でシートやコメント欄が消去されてしまうことが何度も起きます。取り組んでいる期間中は1日1度、バックアップを取るようにすると安心です。

（武田直樹）

04
友達のがんばっていることを
コメントで応援しよう

🔵 DXでこんな実践が！ ・・・・・・・・・・・・・・・

	A	B	C	D
1	名前	①今がんばっていることは何ですか？具体的に書きます。	②どのように頑張っていますか？	③これからどうしていこうと思っていますか？
2	A	陸上練習	学校で言われたこと以上のことを行う	お風呂の後のストレッチもして無理しないようにする
3	B	朝遅刻しないこと	目覚まし時計をかける	更に早起きする
4	C	ブラスバンドの部活	毎日練習しています	後輩にも教えられるようにがんばる
5	D	勉強とピアノの両立		優先順位をつけながら取り組む
6	E	サッカー	高橋恵大 19:51 今日 ✓ 優先順位大事だよね！応援してる！	怪我しないようにする
7	F	会社活動		興味がない人でもおもしろいと思ってもらえるような情報を伝える
8	G	無言清掃	高橋恵大 19:52 今日 ちなみにどんな工夫する予定なの？	友達に声をかけられても反応しないようにする
9	H	勉強		苦手なところやテストで間違ったところも復習する
10	I	会社活動		みんなにおもしろいと思ってもらえるような情報を発信する
11				

「Googleスプレッドシート」の画面

　一期一会の出会い。せっかく同じ地域に住み、同じクラスになったメンバー同士。友達のがんばっていることを知ったら、応援できる関係でありたいです。スプレッドシートに集まったみんなのがんばっていることを閲覧しながら、コメントを通して応援します。自分のがんばっていることを友達が知っている、友達に話したからがんばらなくちゃ、誰かがいるからがんばれる。そんな気持ちを抱くきっかけを作ります。コメントでの応援だけでなく、知恵を出し合い提案することも促します。

🔵 進め方 ・・・・・・・・・・・・・・・・・・・・

①各自「Googleフォーム」を開き、「がんばっていること」を書き込みます。

②フォームに集まり次第、スプレッドシートを開いてクラス全員に共有します。

③子どもは、スプレッドシートを読み、コメントで応援したり提案したりします。

> あなたのがんばっていること教えて！
>
> 名前 *
> 選択 ▾
>
> ①今がんばっていることは何ですか？具体的に書きます。 *
> 回答を入力
>
> ②どのように頑張っていますか？ *
> 回答を入力
>
> ③これからどうしていこうと思っていますか？ *
> 回答を入力

🔵 活動の実際＆エピソード ・・・・・・・・・・・・・

　クラスも慣れてきて、さまざまな活動に取り組んでいる９月、担任の

先生から「がんばっていること」をフォームに記入するよう話がありました。部活や習い事、友達関係、勉強、学校生活、家庭のことなど今自分自身が「がんばっている」と思うことを各々があげます。クラス全員の「がんばっていること」が集まったので、先生が全体に共有します。Ａさんは、先生から「コメントで応援を書き込んだ人は誰かに何か提案できないか考えてみよう」という指示を聞き、誰かの「がんばっていること」に提案したいと思っています。

Ａ「う〜〜ん。Ｈさんの復習をがんばりたいという意見に何か提案したいんだけど、難しいなぁ。検索したらヒットしないかなぁ」

　Ａさんはなかなかその場ではよいアイディアが思い浮かびませんでした。しかし、その日の夜、テレビで「復習する際のポイント」といった内容をたまたま観て「これだ！」と思い、Ａさんはスプレッドシートを開き、Ｈさんに提案しました。次の日Ｈさんからは、「昨日Ａさんに言われたことを試してみようと思う！ありがとう！」と言われ、Ａさんは満足気な表情を浮かべていました。ほかにも、Ｅさんに対しては、「けがしないためには体幹を鍛えるといいよ。このYouTubeの動画見てて」とアドレス付きで提案、などもあります。

●● DX ポイント！ ••••••••••••••••••••••••••••••••••••••

　友達の「がんばっていること」に応援や提案をする際、その場で瞬時に反応しなくても大丈夫ということがポイントです。つまり、時間差攻撃ならぬ時間差提案です。頭の引き出しにスッと入れておいたモヤモヤが開いた瞬間に客観的に物事を見る力も養われます。

●● デジタルツール・ワンポイントアドバイス ••••••••••••••••

　スプレッドシートで共有する際は、「閲覧（コメント可）」を選びます。「編集可」にしてしまうと、誤って消してしまったり、編集してしまったりということが起こるからです。

（髙橋惠大）

05

電子掲示板で友達のいいところを探そう

DX でこんな実践が！

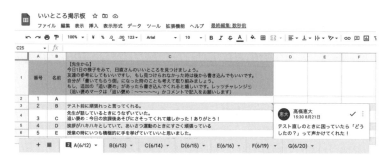

「Google スプレッドシート」の画面

　友達のいいところを見つけ合う活動は、1人1人の自己肯定感が育まれる尊い時間です。しかし、毎日時間を取れない、語彙が不十分で表現がマンネリ化するなど、継続に課題がある活動です。それをスプレッドシートで行います。たった「3分間」で同じねらいを達成することが可能です。

進め方

①帰りの会に、各自スプレッドシートを開きます。

②3分間時間をとり、今日1日の日直さんの様子を見て、エピソード付きのいいところを書き込みます（＊前にあった出来事でもよいです）。

活動の実際＆エピソード

　掃除がおわり、席について帰りの会を行います。日直さんが「よーい、スタート」と言い、3分間タイマーをセットしました。ほかの子たちは、今日1日の日直さんの様子を見て気づいたいいところをスプレッドシートに書き込みます。

B「委員会で先を見通しながら計画的に行動していました」

C「算数の時間にわからないところを詳しくていねいに優しく教えてく

れました」

D「今日の朝、〜さんのバッグが落ちているの（日直の）〜さんが見つけて拾ってあげてきれいにしてからロッカーに戻してあげていいと思いました」

　具体的なエピソードを盛り込みながら、時間内に書き上げます。初期段階は、書き終わらない子もいるので、担任から「時間内に書けなかった子は後から書き込みましょう」と指示し、一度スプレッドシートを閉じるといいです。継続のため３分間にこだわりましょう。次の日、日直さんが自分のいいところ掲示板を見ると、昨日よりも日直さんのいいところが更新されていました。前日の帰りの会に、書けていなかった子が書いたこともありますが、すでに書いた子たちの中から何人か追加の「追い褒め」をしている子たちがいました。日直さんは（自分のいいところってこんなにたくさんあるんだ）と思い、笑みを浮かべていました。

🔵 DXポイント！ ‥‥‥‥‥‥‥‥‥‥‥‥‥‥‥‥

　スプレッドシートを使うことで、いつでも書きたいときに書き込むことができます。それにより、その場で書き終わらなかった子への救済にもなりますし、後から思いついたときに変更も可能です。帰りの会の３分間に焦らなくても大丈夫です。さらに、いいところを追加する「追い褒め」がクラスに浸透すると、普段から「いいところをみつけよう」という空気感がクラス全体に流れます。そのとき、担任は笑顔で見守ります。

🔵 デジタルツール・ワンポイントアドバイス ‥‥‥‥‥

　タブの名前を出席番号順の子どもの名前にしておくとわかりやすいです。日付も入れるとその場で書けず、後々書こうと思っていた子も困らずに書くことができます。つねに解放しているので、いたずら対策として、履歴を確認します。誰かが消した、変更したなど把握することができます。いいところ掲示板は個人面談で見せることもできます。　　　（髙橋恵大）

06

お手紙やお礼に
動くメッセージカードを作ろう

🟢 DX でこんな実践が！ ･････････････････････

　メッセージカードを作る活動は、お礼の手紙や友達へメッセージを送るときなど、さまざまな場面で取り入れられています。お礼の手紙というと、紙に書いて冊子や色紙にまとめる方法が一般的です。これを「Springin'」（スプリンギン）というプログラミング言語を使って作ることで、動きや音などを入れ込んだものにすることができます。

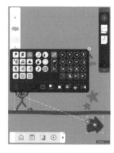

「Springin'」の画面

🟢 進め方 ･･･････････････････････････････

①お礼の手紙などの内容を考えます。
②「Springin'」を使い、手紙を書き、プログラミングします。
③送りたい相手に、手紙の QR コードを読み取ってもらいます。

🟢 活動の実際＆エピソード ･････････････････

　5 年生のマット運動の発表会に参加した 4 年生が感想を話しています。
A「5 年生の側転、すごかったよね。脚がピンと伸びていてきれいだったね～」
B「うんうん。音楽とも合っていて楽しかったよね。私もやりたくなっちゃった」
A「感想をメッセージカードに書いて、5 年生に贈ろうよ」
C「いいね！ Springin' を使って作ってみよう」
　「Springin'」を使ってお礼の手紙を作ることになりました。
A「＋ボタンから作成だったよね？」
B「そうそう、私は手書きにしようかな。音楽と合っているのが印象的だったから、♪マークとかも書いてみるね」

C「わぁ、かわいいね！　きっと5年生に気持ちが伝わると思うよ」

A「僕は紙に書いたのを写真で取り込んで、音楽つけようかな」

　どんなメッセージを伝えたいかを考えながら、プログラミングしていきます。完成後、QRコードを相手のアプリで読み取ってもらいます。

5年生「手紙ありがとう！！！　すごい、これは側転のアニメーションが ついているよ」

5年生「おお、こっちはゲームをクリアしないと手紙が読めない！！こんな面白い手紙、初めて！　うれしいな」

🐟 DXポイント！ ....

　「プログラミング」が表現方法の1つとして、子どもたちの活動に加わります。動きや音をプログラミングすることで、思いがよりダイレクトに伝わる手紙にしたり、相手が楽しめる手紙にしたりすることができます。手紙を受け取る相手は、「Springin'」専用のQRコードで読み取ることができるため、メール等で送ることも簡単です。また、複数人に送ることも可能で、距離や数の制限がなくなります。

🐟 デジタルツール・ワンポイントアドバイス ....

　「Springin'」は「株式会社しくみデザイン」が開発したプログラミング言語です。文字は使わず、「属性」と呼ばれる設定を組み合わせていくことでプログラミングをしていきます。自分で絵を書いたり、写真を取り込んだり、音を付けたりといった操作も直感的な操作で簡単にすることができます。今回紹介した手紙だけでなく、ゲームはもちろんさまざまな作品を作ることができます。アプリは個人向けのものだけでなく、「Springin' Classroom」という学校用パッケージも用意されており無料プランもあります。学級内のみでの作品の交流や共同制作もすることができます。「Springin'」、「Springin' Classroom」のHP、手紙の作例をQRコードで紹介します。

（薄玲那）

07 生徒指導案件の聞き取り内容は チャット機能を用いて即時共有しよう

🔴 DX でこんな実践が！

　トラブルがあった後の子どもの聞き取り。これを Microsoft「Teams」のチャット機能を使って打ち込むことで、確実に記録を残すことができるようになります。また、スピード感を持って職員間の情報共有ができるようになります。

🔴 進め方

①子どもの話を聞きながら「Teams」のチャット機能に打ち込んでいきます。
②打ち込んだ内容を子どもと画面を見ながら確認し、話し足りないこと、打ちもらし等があれば追記します。
③打ち込んだ内容を関係職員のチャットに送ります。

🔴 活動の実際＆エピソード

　教室を巡っているとＡ君が突然暴れて叫んだり、壁を蹴ったりしていました。Ａ君をなだめて別室へ連れていき、教師が事情を聞こうとしています。
Ｔ「Ａ君、どうして怒ってしまったのか先生に教えてくれる？今から先生、Ａ君が話してくれたことをタブレットに打ち込むね。先生が打ち込んだらＡ君にも中身を見てもらうから、間違いがないかどうか確認してね。そうしたら、Ａ君が話してくれたことを担任のＢ先生にもこのチャットで送るからね。それじゃ教えてほしいんだけれど、どうしてＡ君は怒っていたの？」
Ａ「最初、Ｃちゃんがｄ君にちょっかいをかけていたんだ。それを見て腹を立てて、Ｃちゃんに注意したんだ。そうしたら、Ｂ先生が、僕に『Ａ君、Ｃちゃんに注意しないで』と言ったんだ」
（Ｔは「Teams」チャットに打ち込みながら）「そっか。それでＡ君は壁を蹴ったり、叫んだりしたんだね」

（ほかにも新しい事実がないかを確認した後）

T「A君。ほかに先生に伝えておきたいことはある？それじゃ、A君が話してくれたことを一緒に確認していこうね」

（A君とTは画面を見ながら事実を確認していく）

T「それじゃ、B先生に今、A君が話してくれたこの内容を送るね」

（ボタンを押して完了）「よしそれじゃ、教室に戻ろうか」

　A君を連れて教室に戻り、TはB先生に「Teams」で送ったチャットの画面を見せながら報告をしました。

B「A君の件、チャットを読みました。詳細まで打ち込んで下さったのでA君と内容を見ながら事実の確認と指導をすることができました」

🔵 DXポイント！

①聞き取った事柄を目で確認することができる

　これまでトラブル発生後の事実確認では、聞き取りをしながらノートにメモをしていました。しかし、それぞれの子どもの話した内容に相違があったり、聞き漏らしがあったりして、正確に把握するまでに時間がかかってしまうことがありました。しかし、「Teams」のチャット機能を使えば、子どもが話した内容を子どもとすぐに目で確認することができます。

②リアルタイムで情報を共有することができる

　確認した事実をほかの先生方と共有する際、1人1人に口頭で伝えていると時間がかかります。また、伝え漏れ等が生じることもあります。生徒指導案件は初動が大切であり、情報共有が重要です。「Teams」チャットは、先生方へ瞬時に同じ情報を送ることができるため、時間をかけずに共有することができ、伝え忘れ、伝え漏れを避けることにもつながります。

🔵 デジタルツール・ワンポイントアドバイス

　聞き取った内容は、個人情報に十分留意します。また、話を聞きながら打ち込むのが難しい場合は、ノートなどに書いた聞き取った内容を写真で撮影して送る方法もあります。

（菊池真人）

「ちりも積もれば山ノート」で学びの成果をためよう

🔴 DX でこんな実践が！

　授業時間内に生まれるすき間時間に、Web を使って調べ学習をし、「ロイロノート」に書きためていきます。ある程度たまったところで互いに見合ったり発表し合ったりします。

提出箱のスライド一覧画面

🔴 進め方

①「ロイロノート」に新しいノートを作成します。

② Web で調べたことをノート内にカードで書きためていきます。

③カードをスライドにまとめ、定期的に提出します。

④教師は、スライドを見合う時間を取り、スライドを共有します。

⑤子どもたちは、互いに見合ったり、コメントを送り合ったりします。

🔴 活動の実際＆エピソード

Ａ「先生、テストが終わったら何をしたらいいですか」

Ｔ「これまでは何をしていましたか？」

Ｂ「本を読んだり、自由帳に絵を描いたりかな」

Ｔ「そういう時間に、自分の興味があることを調べて『ロイロノート』に書きためていくというのはどうでしょう。たまったらお互いに見合う。名づけて、『ちりも積もれば山ノート』です」

Ｂ「面白そう。どんなことでもいいんですか」

Ｔ「Ｂくんは、岩石が好きだよね。オリジナル岩石図鑑を作るなんていうのもいいかもしれないね。Ａさんは、SDGs に興味を持っていたよね」

　さまざまな例を取り上げて、自分の興味があることに取り組んでいいことを伝えます。活動が始まったら、定期的にスライドを提出させ、書き貯まった頃合いで共有設定し、お互いのスライドを見合う機会を作ります。

T「さあ、お待ちかねの『ちり山ノート』オープンタイムです」

T「まずは、隣同士で見合いましょう。それでは共有します。どうぞ」

C「うわー、見える。この一気にオープンっていう感じがワクワクする」

D「Eさんは、熱帯魚の飼育法だね。飼い始めたって言ってたもんね」

E「水作りが難しいから調べてみたの。Dくんは、すごい！空飛ぶ車?!」

D「実際に人が乗って浮いている動画を見てびっくりしてさ。もしかしたら車が空を飛ぶ日は遠くないのかもと思って調べてみたんだ」

F「みんないろいろなテーマで調べていて、世界が広がる感じがする」

G「どう伝えようかなって考えると、また調べたいことが出てくるよね」

F「そうそう。スイーツのレシピをまとめながら、これってどこの国の料理なのだろうとか、いつ頃から食べられるようになったのだろうとか」

G「わかる。こんな質問が来るかもって考えるようになるよね」

T「今日は、スライドを見た友達にコメントを送り合ってみましょう」

🌑 DX ポイント！

①情報収集と情報発信を並列的に考える力がつく

②すき間時間が関心探究の時間として再定義される

　授業中に生まれる5〜10分程度のすき間時間も、積み重なるとかなりのボリュームになります。その時間に、自分の興味のあることを調べて書きためる活動です。大切なのは、友達と見合うこと（発信）を前提とすることです。慣れてくると、発信を見通して情報を収集し構成するという並列的な思考が磨かれていきます。「ロイロノート」は、スライド形式でプレゼンテーションとの親和性が高いため、発信に意識が向きやすく、この活動に適しています。

🌑 デジタルツール・ワンポイントアドバイス

　Web上の情報をコピー＆ペーストする機会が増えるので、出典の示し方、引用表記の仕方についての知識が必要です。自分の考えと他者の考えをはっきり区別してまとめられるように指導します。　　（中嶋卓朗）

09
オンラインかくれんぼで
遊びの概念を広げよう

🔵 DX でこんな実践が！ ･･･････････････････････････････････

　タブレット端末が導入され、いろいろなアプリを試しに使っている時期のことです。「Google Meet」の使い方を練習するために、子どもたちが校舎内に散らばっていました。すると子どもたちがチャットで「今、どこにいるの？」「音楽室」などと会話を始めました。「そっち、行く」「見つけてみて」という会話を聞いて、「Google Meet」でかくれんぼをしたら楽しそうだな、と思いつきました。

🔵 進め方 ･･

①「Google Meet」でオンラインミーティングに全員参加します。
②マイクはオフにします（ハウリングを防ぐため）。
③鬼を決めます（クラスの人数によって増減させます）。
④鬼以外の子たちは校舎内に散らばります。ただし、危険箇所、ほかのクラスの学習の邪魔になる場所は NG とします。自分の決めた場所にたどり着くまでは、カメラはオフにします。
⑤ゲーム開始とともに、全員カメラをオンにします（鬼だけは、マイクもオンに）。鬼はカメラで見える情報をたよりに捜しに行きます。
⑥見つかりそうになったら、別の場所に移動してもよいです。見つかったら教室に戻ります（走るのは禁止）。
⑦時間になったら鬼も教室に戻ります。

🔵 活動の実際＆エピソード ･･････････････････････････････

　さて、オンラインかくれんぼの始まりです。鬼役も決まり、それ以外の子は校舎内に散らばっていきます。「もういいかい！始めるよ！」という鬼の合図とともに、全員がカメラを ON ！みんなどこにいるか、ちょっと見ただけではわかりません。「えー？」「○○○くんは、音楽室

じゃない？」「○○○さんは、児童会室かな」「いや、この天井の感じは図工室だ！」「じゃあ、私は音楽室に行くね！」と鬼たちも相談して見つけに行きます。

Meet の画面には、鬼の動きを見ながら移動するかどうか思案している子どもたちの姿が。カメラの映像が動いたかと思った次の瞬間、激しく画面が揺れます。数秒のち、見つけたことをアピールする鬼の姿が映ります。自分も見つけられるかもしれないのに、「○○○、見つかったの？」「いや、オレ、まだ」と、チャットに書き込む余裕を見せる子どもたちも。わざわざ「近くいるかも〜」と面白がってチャットに入れる子どももいます。そのうち「○○○くん、見い〜っけ！」と声が聞こえ、見つけられた子はニコニコしながら教室に戻ってきました。

1人、また1人と鬼に見つけられ、残っている人数がどんどん少なくなってきました。「あ〜もう少しだったのに」「あそこで移動しなきゃよかった」と言いながら戻ってくる子たち。戻ってきた子たちも Meet の画面を見ながら、「あ、○○○ちゃんに（鬼が）近づいている！」「（チャットで）教えてあげる？」「でも、もう遅いみたい（笑）」「あ〜○○○ちゃん、見つかっちゃったね〜」と盛り上がっています。

「終了で〜す！」という鬼の声で、1回戦目が終わりました。全員戻ってきたところで、2回戦目の鬼を決めます。「次、おれ、やりたい！」「わたしも！」という声が多数。いつまで続く、このゲーム……。

● DX ポイント！

従来のかくれんぼとは違い、見つける側にも見つけられる側にも画面上に場所を特定するヒントがあるのがポイントです。自分以外の人の状態を知ることができるのも、このゲームを面白くしています。

● デジタルツール・ワンポイントアドバイス

鬼が誰かわかるように、画面上に「手を挙げる」のマークを表示しておくとよいです。

（佐々木潤）

10

欠席でも一緒にお楽しみ会を楽しもう

🔵 DXでこんな実践が！

　欠席の間にお楽しみ会が開催となり、「体調が落ち着いたから参加したかった」「なんで今日休みなんだよ」と思う子も多いことでしょう。端末を使うことで、欠席したから不参加ではなく、オンラインから参加できます。

オンラインでつながるお楽しみ会

🔵 進め方

①教室と欠席している子をオンラインでつなぎます（「Google Meet」など）。
②実際のお楽しみ会を一緒に取り組みます。

🔵 活動の実際＆エピソード

　卒業を間近に控えたある日です。お楽しみ会を開くことになりましたが、Aさんは出席停止で登校することができません。せっかくの卒業前のイベントに参加できず、クラスのみんなも残念がっていました。お楽しみ会、どうにか参加できないものかと前日に担任も子どもも考えました。そのとき、Bさんが、「せっかく端末があるのだから、オンラインでつなぎましょう」と言いました。それに続けてCさんが、「後半にやる予定のお絵かき伝言リレーを『Jamboard』でやってみたい」と言いました。みんながうんうんと頷きます。

　当日、お楽しみ会の時間になりました。Aさんとビデオ会議をつなぎます。いよいよお絵かき伝言リレーの時間になりました。各列の先頭が、廊下に出て、お題担当のDさんからお題が出ます。

　「ダンスを踊るゴリラ」

　廊下で笑いをこらえる姿が見られます。先頭が教室に戻り、開始です。

Ａさんには教室全体の様子を流します。上手に描けている子、なんだこりゃと言いながら絵をもらう子、終始笑っている子の様子を見て、Ａさんも画面越しから大笑いです。Ａさんも「Jamboard」から参加して盛り上がっています。

　２・３回目と続き、笑いが教室からも画面越しからも絶えません。そして、最後の４回目です。最後のお題は「Ａさんに出してほしい」とみんなが言いました。Ｄさんと一緒にお題を担当したＥさんも同意しました。Ａさんから廊下に出た子に画面越しにチャット機能で出されました。

「私（Ａさん）」

　となりました。廊下にいた多くの子が描けるかな？となりましたが、Ａさんの特徴や好きなことを上手く描こうと一生懸命に取り組んでいます。前までのお題では、時間切れでお題が最後まで行かずということもありましたが、このお題は全グループがクリアすることができました。その様子を見ていたＡさんも、照れくさそうにしつつも喜んでいたようでした。「あのとき参加できてよかった」と卒業式後に伝えてきたＡさんと保護者の顔が忘れられません。

● DX ポイント！

　子どもから出てきたアイディアです。出席しなくては参加できなかった今までのお楽しみ会から、欠席しても自宅から一緒に参加できるようになったことがポイントです。事情があって別室登校をしている子も参加できます。デジタルツールの力で、楽しい「思い出」を共有できます。

● デジタルツール・ワンポイントアドバイス

　ビデオ会議システムを使う場合、ビジュアルエフェクト機能を使うことで、背景をぼかしたり変更をしたりできます。家庭からの発信の際のプライバシーが守られます。

（久保木靖）

11

翻訳機能を使って
多言語共生の教室を実現しよう

🔵 DXでこんな実践が！ ••••••••••••

　日本に在留する外国人が増加しています。日本語指導が必要な外国人児童が教室にいる、しかも複数人、ということが珍しい光景ではなくなりました。翻訳機能を使いこなし、多言語共生が当たり前の文化の日本社会を実現していきましょう。

翻訳機能を使って自己紹介

🔵 進め方 •••••••••

　外国人児童も含めたすべての子どもたちは、あらゆる場面で、1人1台端末で翻訳機能を使ってよいことを教室のルールとします（AIアシスタントを搭載したスマートディスプレイやスマートスピーカーや人型ロボットを導入する教室も増えてくるでしょう）。

🔵 活動の実際＆エピソード ••••••••••••••••

　中国からやって来た転入生のLeeさんが、1人1台端末のGoogle翻訳機能も使いながら自己紹介をします。

Lee「我叫李艺涵。我来自中国大连。我喜欢听音乐」

A「なんとなくわかったー！」

端末「私の名前は、リーイーハンです。出身は中国の大連です。音楽を聴くことが好きです」

A「全然違ったー！」（教室が笑いに包まれる）

B「Santosくん、わかった？」

　ブラジル人のSantos君は首を横に振っています。

B「ちょっと貸してね、『Google翻訳』を日本語からポルトガル語に変えて、音声を聞くボタンを、よいしょっと」

端末「Meu nome é Li Yihan. Eu sou de Dalian、China. Eu gosto de

ouvir música.」

　Santos 君は首を縦に振り、自分の端末に音声入力をします。

Santos「Meu nome é Santos. Que tipo de música você gosta?」

端末「我的名字是桑托斯。你喜欢什么样的音乐？」

Lee「BTS ♪」

Santos「BTS？　ミンナダイスキデス！」

A「これはわかった！　僕も、BTS 大好き！」

　Lee さんも、Santos 君も、教室のみんなが温かな笑顔に包まれる出会いの時間となりました。その後の Lee さんですが、発声までしてくれる「Google 翻訳」が手元にある安心感もあって、日本語でのコミュニケーションに意欲的です。クラスメイトとの関係も良好に築き、日常生活で使う程度の日本語はあっという間に身につけてしまいました。

● DX ポイント！ ●●●●●●●●●●●●●●●●●●●●●●●●●●

　私がベトナムを旅行したときのことです。現地の方の言いたいことがどうしても理解できずに困った表情を浮かべると、その方はとっさにスマートフォンの「Google 翻訳」を取り出しました。一期一会のベトナム人でしたが、異国の地で大笑いし合った劇的な体験が忘れられません。「わかりあおうとする」ための象徴が端末の翻訳機能です。AI によるサポートで、私たち日本人の外国語への苦手意識はひっくり返ります。「わかりあおうとする気持ち」と「道具」があれば、外国語が堪能でなくても、地球上のほとんどの人とコミュニケーションが取れるのです。わかりあえる体験が豊かにできる学校になっていきますように。

● デジタルツール・ワンポイントアドバイス ●●●●●●●●●

　英語や日本語以外の言語への切り替え、そして発声までもボタン１つで瞬時にできる点がとても優れています。カメラをかざして手書き文字も翻訳できる「Google レンズ」などのカメラ機能も、日進月歩で精度が向上しています。　　　　　　　　　　　　（鈴木優太）

生活

12
WEB 学習計画表で自主学習を計画・管理しよう

DX でこんな実践が！

　自主学習。何も目的を持たず、ただページを埋めるだけの課題提出になっていないでしょうか。目的意識を持たせるために、学習計画表を作成します。これをクラウド上で共有することで、友達の学習計画を閲覧できたり、コメントを打ち合ったりすることができます。相互のやりとりが生まれることで関係性が深まります。

「Google スプレッドシート」の画面

進め方

①得意・苦手なことを書き込み、2週間分の学習計画を立てます。
②毎日「◎・○・▲」で、2週に1度は「記述式」で振り返ります。
③友達の計画表にコメントを入れ合います。

活動の実際＆エピソード

A「よし、今日から自分で計画を立ててからの自主学習だ。最初は、得意なことと苦手なことを書こう。自分の得意なことってなんだろう」

　迷ったAさんはほかの友達の学習計画表を見に行きます。

A「Bさんは理科の食物連鎖が得意で、Cさんは社会の三権分立か～。うんうん、教科だけじゃなくて具体的に書くといいのか。教科書を開いて、得意なところと苦手なところを探してみよう」

　Aさんはクラスメイトの学習計画表を参考にしたことで、得意なことや苦手なことを探す作業に入りました。

　Dさんは自分の学習計画表を完成させ、友達の学習計画表を閲覧しにいきます。すると、ほとんどの人が土日までびっしり計画を立てている中、Eさんの土日の欄に「休み」と書いてあることに気づきました。D

さんはEさんにコメントを打ち込みます。「休むことも大事だよね」。

そこからDさんは計画を立てる際に、計画表をただ埋めるのではなく、自分に合う持続可能な計画の立て方を模索するようになりました。

● DX ポイント！

計画を立てる際、先に打ち込んでいる友達の計画表を参考にできるのがクラウド上で共有する強みです。身近な友達の学習計画を見られる環境が中位・下位群にとって、大きな価値であると感じています。実際に取り組んでみて「コメント」の交流が学びを深めていることがわかりました。「苦手を克服するために具体的にどんなことをしているの？」や「どうしたらきれいにノートをまとめられますか？」などをコメントでやりとりし、友達から学習方法を学ぶ姿も見られました。中学の定期試験に向けて計画的に学習に取り組んでほしい6年生には、教師主導で課すことの多い「家庭学習カード」の代用として扱いました。教師だけの管理・監督から外れ、友達の立てている計画から感化されアップデートされていく学習計画表として機能しました。

● デジタルツール・ワンポイントアドバイス

初めて学習計画表を立てる際は、作成の仕方についてミニレッスンを行います。学校で一連の流れを確認し、お家で1人でも取り組めそうか確認します。コメントに関しても、1度学校で打ち込む経験をすることでコメントをし合うときのマナーが身につきます。1つのスプレッドシートの中で見合うことができるので、スプレッドシートの下のタブにクラス全員の名前を入力して使います。いちいちファイルを開く必要がなく、コメントも安易に打つことができます。

| ＋ ≡ | **2** ①田中太郎 ▾ | **3** ②〜〜 ▾ | ③〜〜 ▾ | **1** ④〜〜 ▾ | **6** ⑤〜〜 ▾ |

学習計画表のテンプレートとアレンジした計画表をQRコードに載せました。参考にしてみてください。

(髙橋恵大)

13
自主学習にコメントして、互いに励まし合おう

DX でこんな実践が！

　自主学習。どのように集め、添削していますか。クラウド上に自主学習を提出することで、子ども同士が自主学習を見合うことができます。そこに、コメントを入れ合うことで、子ども同士のつながりを促します。

「Google スプレッドシート」の画面

進め方

①各自、「ロイロノート」、「Google ドキュメント」、「Google スライド」、「Google サイト」などを使い、自主学習に取り組みます。
②自主学習のリンクを作成し、「Google スプレッドシート」に添付します。
③子ども同士でリンク先の自主学習を見合います。
④肯定的なフィードバックや質問をコメントします。

活動の実際＆エピソード

　夕食前の18時。自主学習に取り組もうとしたAさんは、何をやろうか迷っています。毎日取り組んでいるうちにネタがなくなったようで、友達が何に取り組んでいるのか提出先を見に行きます（ほ〜、なるほど。歴史の人物調べをやっているのか。理科の水溶液について「ロイロノート」のシンキングツールを使ってまとめるのもありか。ドキュメントに自分が興味のあることについてまとめるのもありか。こんな「Google サイトの使い方」もあるのか……ふむふむ）。

A「よし、何かアイディアが生まれてきたぞ。今日はスライドにことわざをまとめてみよう！」

友達の自主学習を閲覧したことで、自分にできそうなものを見つけました。別の日、Ｂさんは自主学習に取り組んだ後、再び提出先を開くと友達からコメントがきています。

Ｃ「猫について紹介しているけど、この猫ってＢちゃん家の猫？」

（あ、うれしい。興味を持ってくれた人がいた）

Ｂ「そうだよ！うちの猫！両目の色が違って幸運を呼ぶ猫なんだよ！」

ネットを介して、普段関わりの薄い２人が共通の話題で盛り上がっていました。翌日この２人が直接会話している様子はありませんでしたが、次の自主学習でハムスターについて紹介した際に、再びコメントでやりとりをしていました。Ｂさんはこれまでクラスの中で自分だけが猫を好きだと思っていたので、コメントをきっかけに友達の輪が広がったことを喜んでいました。コメントだからできるやりとりがあります。

●● DX ポイント！

多くの自主学習は、教師が添削し、評価するものとして成り立っています。子どもたちが、せっかく時間をかけて取り組んだのに、「見るのは教師だけ」というのはとてももったいないです。提出した瞬間にちょこちょこっとやりとりできるのが強みです。励まされたり、質問されたりすることで、課題には１人で取り組んでいるのですが、友達とオンラインでつながり一緒に勉強している感覚になります。１人で宿題を進めることに課題がある子にとっては救いとなります。

●● デジタルツール・ワンポイントアドバイス

「Google スプレッドシート」にこだわった理由は、自主学習を行う際に自分に合う「ツール」を選べること、「コメント機能」があることの２点です。はじめは、見合ったりコメントを打ち合ったりする時間をミニレッスンとして取ります。５分くらいがオススメです。コメントがたまるとコメントの有効性を子どもたちが実感します。　　　　（髙橋恵大）

14
問題を作り合ったり、解き合ったりする 家庭学習で力をつけよう

🔵 DX でこんな実践が！······

日々の家庭学習で子どもたちが問題を作り、それを解き合い、知識を定着させていくことにチャレンジします。教室での学び合いを家庭学習でも取り組んでいきます。

[1] 日本で2番目に長い川の名前を答えましょう。

○ 利根川

○ 阿武隈川

○ 石狩川

○ 最上川

「ロイロノート」のテストカードの画面

🔵 進め方······

①授業の中で調べ学習に便利なサイトやアプリを紹介し、調べ学習に取り組みます。また、「ロイロノート」のテスト機能を使って問題を作る練習に取り組みます。選択式問題と記述式問題のそれぞれのよさと作り方、解説の書き方を指導します。

②全員で家庭学習に取り組む課題と価値を伝えます。

「日本の地形の名前を覚えるために、家庭学習で自分たちで問題を作り、お互いに解き合います。自分を含めた全員が日本の地形に詳しくなれるように、全員の力で家庭学習でも学び合いにチャレンジしましょう」

③端末を持ち帰り、「問題を作る日→問題を解く日→学校で振り返り」のサイクルを繰り返して行います。

＊学習の前後にミニテストに取り組み、「テストの点数をみんながよくなるように取り組む」という課題を出すことも考えられます。

🔵 活動の実際＆エピソード······

問題を解き合った翌日の場面です。朝の会の後の短い時間で友達の問題について、振り返りを行いました。

A 「Bの問題難しかった。川の長さはさすがにトップ10までは覚えてな

いでしょう。覚えていてもトップ3までだよ」

B「いいじゃん、そっちの方が賢くなるでしょ、ね（笑）」

C「おれ、がんばってトップ10まで覚えたよ。第10位○○川……」

A「お〜、すげぇ」

B「Dの四万十川の画像。めっちゃきれいだったよね、水の色」

C「そうそう、ラフティングやってみたいな。何か行ってみたくなった。でも遠すぎていけないよね……」

B「そうなの。どこなの。え〜、行くの無理じゃん」

　友達と家庭学習に取り組むことで、自分だけではできない気づきや学びが生まれます。家庭学習で学んだことを、教室で振り返り、伝え合い、つないでいきます。具体的には「○○さんの問題で賢くなったこと」「へぇ〜と思った問題」「これ、どうやって調べたの？」「解説づくり名人」など振り返る視点を教師が示し、短い時間で全員で振り返ります。それにより、知識だけではなく、調べ方や情報の整理の仕方なども学び合うことができるようになり、家庭学習が一層豊かなものになります。

🔵 DX ポイント！ ∙∙∙∙∙∙∙∙∙∙∙∙∙∙∙∙∙∙∙∙∙∙∙∙∙∙∙∙∙∙∙∙

　「ロイロノート」のテストカードでは自分の選択に対する正誤がすぐにわかり、解説機能もついています。1人1台端末を活用し、問題を作り合うことで、「教師の課題に子どもが取り組む家庭学習」から「みんなで課題に取り組む家庭学習」に価値の転換をはかることができます。課題の出し方、ツールの工夫次第で可能性が広がりそうです。

🔵 デジタルツール・ワンポイントアドバイス ∙∙∙∙∙∙∙∙∙

　家庭学習に取り組ませるうえで、端末の環境だけではなく、調べ学習を支える情報のリソースを示しておくことが大切です。今回の学習では「あそんでまなべる　日本の地理」というフリーのアプリを活用しました。日本の主な地形の位置と名称、そして情報を学べるアプリ（https://digital-gene.com/app_geojapan.php）です。　（武田直樹）

15

カメラ機能を用いて簡単に検索しよう

● DX でこんな実践が！

これまで何かを検索するときは文字を入力するのが一般的でしたが、「Google レンズ」を用いるとカメラをかざすだけで検索することが可能です。「宿題」ボタンを押すと、計算問題の答えだけでなく、解き方まで解説してくれます。

● 進め方

iPad で「Google レンズ」の機能を使う場合は、インストールした Google アプリから Google を開き、ホーム画面の検索バーの右端にあるカメラマークを押します（Android や iOS に対応しています）。

● 活動の実際＆エピソード

6年生の家庭学習は自学です。Aさんは中学1年生の姉の数学の問題集を借り、中学の予習にチャレンジしようとしています。

A「今日、xやyを使った問題を学校でやったから、中学校のxやyを使った問題もできそうだぞ！」

問題集からノートに問題を書き写してみましたが、早々につまずいています。

A「むむむ……分数ってどうやるんだ？　答えを借りるの忘れてたー。姉さんは部活だし、母さんも仕事でまだまだ

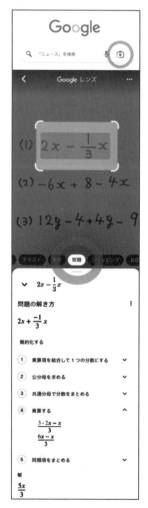

「Google レンズ」の画面

帰ってこないし……」

　外国語活動で、紙に書いた日本語にカメラをかざすだけで英語に翻訳
してくれる「Google レンズ」の機能を使用したことを思い出しました。
Ａ「そうだ！ノートに書いた問題に端末のカメラをかざして……『宿
題』のアイコンをポチッ……すぐ出た！問題の解き方は……ふむふむ
……そうか。同じ文字がくっついている数字同士が計算できるから、2
－1/3と同じようにできるんじゃん！中学校の勉強って難しくない
じゃん！」

● DX ポイント！

　ググれば答えがわかる時代だからこそ、答えという結果を埋めて完結
するのでなく、答えに至る「過程」に目を向ける考え方の転換が、家庭
学習の DX ポイントです。先生や友達がサポートしきれない家庭での学
習であっても、「Google レンズ」さえかざせば、答えのみならず、解
き方まで丁寧に AI が解説してくれる点が画期的です。

　だからこそ、「Google レンズ」のような便利なツールを子どもたち
自らが判断し、適切に使いこなしていけることが求められます。そして、
そもそも宿題は何のために必要なのか？子どもたち自身が考え、自らに
必要な取り組み方を模索できるように、われわれ教師も、家庭学習のあ
り方について考え方を変革するタイミングです。

● デジタルツール・ワンポイントアドバイス

　「Google レンズ」は、カメラで捉えたものを瞬時に分析し
て情報を検索するツールです。手書きの文字をデジタル化して
取り込むスキャナ機能も搭載しています。動植物の名前や料理のレシピ
や場所を検索したり、カメラで捉えたものと同じものをネットで購入し
たり、外国語を日本語に翻訳したりすることもできます。カメラをかざ
すだけです。

（鈴木優太）

生活

16
読書の記録を共有しよう

DX でこんな実践が！

　自分が読んだ本を記録することで、読書の習慣化を促進していく実践です。読書を習慣づけるためには、長期的に実践していくことが必要です。そうすると、停滞期が必ずといっていいほどあります。この活動によって、その時期を友達と一緒に乗り越えることができます。

読書アルバム

アカウントを切り替える

ファイルをアップロードしてこのフォームを送信すると、Google アカウントに関連付けられている名前と写真が記録されます。メールアドレスは回答に含まれません。
*必須

出席番号 *

回答を入力

読み終わった本の名前 *

回答を入力

本のページ数 *

回答を入力

「Google フォーム」の画面

進め方

①本を読み終えたら、「Google フォーム」で読書記録をします（本の名前や紹介文を書き、本の表紙の写真を入れます）。
②①をまとめた「Google スプレッドシート」で読書交流会を行います。
③スプレッドシートを使って、１人１人が読んだ本のページ数などを集計し、多読賞として全体に紹介します。

活動の実際＆エピソード

　ＡさんとＢさんは、読書が大好きで、学習の空き時間や雨の日の休み時間などはいつも読書をしています。Ａさんは読んでいた本を読み終えて次はどんな本を読もうか悩んでいました。そうするとＡさんはタブレットを取り出し、スプレッドシートでほかの友達の読書記録を見始めました。そして、付箋に何冊かの本のタイトルを書き記していました。
Ａ「一緒に図書室に行かない？」
Ｂ「いいよ、何借りるの？」
Ａ「今日は○○○を読んでみようと思うんだよね」
Ｂ「へえ、Ａさんってそういう本も読むんだね」
Ａ「Ｃさんの読書記録を見たら、このシリーズをおすすめしていて、読

んでみようかなと」

　読書への意欲を継続するために選書力は大切です。さまざまなジャンルの本を選ぶことで、意欲を持続し、広い教養を育てることができます。

　今日は月に１度の読書交流会の日です。普段あまり読書をしていないＥくんが図書室でＤくんの読書記録を読んでいました。

> おすすめは○○○です。この話は終わり方が面白いです。

Ｅ「あっ、この本見たことある。一番奥の本棚にあるやつだよね？」

　Ｅくんは、話の内容ではなく、本のジャケットを見て、Ｄくんのおすすめする本に興味をひかれていました。本を借りた後にＤくんのところへ行ってお礼をしていました。Ｄくんはなぜ感謝されたのか最初はよくわかっていませんでしたがその後、本の内容の話で盛り上がっていました。

　読書をする習慣をつけるためには、読書をしたいと思うきっかけづくりが大切だと思います。また、読書が苦手な子どもには、内容だけではなく、本の表紙（ジャケット）を紹介することで視覚的に本の魅力を伝えることがより効果的だと感じました。

● DX ポイント！

　読書記録を共有することで、友達から刺激を受け、さまざまなジャンルの本を選書する力を高めることができたり、他者との交流により読書への意欲を持続したりするなど、読書をするきっかけづくりになります。

● デジタルツール・ワンポイントアドバイス

　「Google フォーム」の回答（スプレッドシート）を共有するときは、「①子ども自身が編集できないようにする設定」「②ファイルを開くと個人ごとにコピーし、編集できる設定」など、活用する場面や目的に応じて設定を使い分けると間違ってデータを削除してしまうなどのミスが減ります。（清野弘平）

17

「読書パスポート」で
おすすめの本を共有しよう

● DX でこんな実践が！

　読書カードなど、読書
の記録は紙で行ってい
ることが多いと思いま
す。本の写真とページ数
（合計は自動計算）を「読
書パスポート」に記録す
ることで、読書歴を今ま
でよりも多様な形で蓄積することができます。

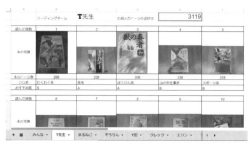

「Google スプレッドシート」の画面

● 進め方

①自分のリーディングネームを決め、担任に提出します。それをもとに
　下のタブをリーディングネームに変更しておきます。

②「データ」→「シートと範囲を保護」→「＋シート／範囲を追加」→
　「シート」→「権限を設定」→「自分のみ」で子どもたちに自分の
　シートの保護をさせます。

③読み終えた本（家の本も可）を記録します。「自分と友達の読書経験を
　豊かにするために読んだ本を共有する」ことを伝えます。

＊読書歴の共有に抵抗がある場合には、個別にシートを準備します。

④「読書パスポート」に記録をします。本の写真はセルをクリックし、
　挿入→画像→枠内に挿入→カメラを選択すると簡単に挿入できます。
　本のページ数、簡単な本の分類、おすすめ度を記録していきます。

⑤「読書パスポート」を見合い、読みたいと思った本を紹介し合います。

● 活動の実際＆エピソード

　「読書パスポート」の記録をお互いに見せ合う場面です。特定のシ

リーズ本を借りては翌日に返して、また同じシリーズを借りるという読書サイクルを送っているＡさん。本の貸し出し冊数はクラスでもトップクラスですが、読書の幅を広げられていません。「読書パスポート」と読書貯金を始めて１ヵ月、読書についてペアで振り返る時間の様子です。

Ｂ「Ａさんは最近、どんな感じの本を読んでいるの？」

Ａ「見てこれ、ひみつシリーズが多い。好きなんだ。Ｂさんはどう？」

Ｂ「私は最近ぼくらのシリーズにハマっている。これ、おもしろいよ。私が次に読みたいって思っているのは５秒後にシリーズ。ほら、ほかにも読んでいる人がたくさんいるよ」

Ａ「どれどれ。○○さん（リーディングネーム）の読んでいる５秒後にシリーズのベストセレクションを読んでみようかな」

　みんなの「読書パスポート」を見ながら、読書の幅を広げようとしているＡさん。読書歴を自分で客観的に振り返ることと、友達の「読書パスポート」が新たな興味を引き出してくれます。

●● DX ポイント！ ‥‥‥‥‥‥‥‥‥‥‥‥‥‥‥‥‥‥‥‥‥

　スプレッドシートを使うことで互いの読書歴やおすすめの本を日常的に交流することができます。パスポートに本の写真があることで本へのイメージや興味が湧いてきます。また、関数で合計を出せるように設定しておくことで、自分が読んだページの合計がすぐにわかります。ページ数を読書の目標に設定することは、長い本を読みたい子が多くなる高学年にとって、冊数を目標にするよりも効果的です。

●● デジタルツール・ワンポイントアドバイス ‥‥‥‥‥‥‥‥

　デジタルで記録させることが、読書をすることへのハードルとならないようにできるだけ入力の手間や項目を少なくするように工夫します。また、関数の合計を設定することで、子どもたちが自分で入力する、合計がわかるという環境を生み出すことができます。　　　　　（武田直樹）

校区安全マップをアップデートしよう

🔵 DX でこんな実践が！

　毎年、定期的に行われる災害時避難訓
練。子どもたちがより「自分事として」
問題意識を持つために、地図に付け加え
て、オリジナル安全マップを作ります。
それぞれの学習のタイミングで、1年に
1回、クラスごとに、校区の安全マップ
に写真や動画、コメントを付け加えていきます。

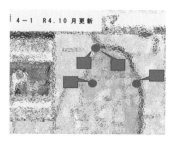

「Google Classroom」の画面

🔵 進め方

　事前に学習内容を確認して、担当場所や課題を把握しておきます。

①「Google Classroom」（全校用）に課題を配付。既存の地図（市作成の
　ハザードマップ）課題として貼り付けておきます。

②担当を決めて、写真やコメントを加えていきます。

③お互いに作ったものを見合って、修正していきます。

④完成したものを全校の Classroom にアップします。

⑤委員会が中心となって集約（「安全」の視点など）します。

　（＊状況によりますが、コンテスト形式にすることで各クラスで協力して「よい
　ものを作りたい」という意欲が高まることがあります。）

⑥定期的に更新し、災害時避難訓練のときには全校で活用します。

　（＊9月1日の防災の日、校区探検、防災学習、保健の学習など、学習内容とリ
　ンクさせて行うとより効果的です。）

🔵 活動の実際＆エピソード

　4年生社会「自然災害から人々のくらしを守る」の学習後

T 「Classroom の課題に、校区の地図を貼り付けています。これまで学

習してきたことをもとに、写真やコメントを貼り付けていきましょう」

Ａ「私たちは、校区の緑コース担当だから、公民館が入っているね。地域の人の取り組みを中心にやっていこうか」

Ｂ「うん。公民館は、毎週水曜日にパトロールしてくれていたって知らなかったな。だから、ほかのみんなにも知ってほしいな」

Ａ「そうやね。地図でいうとこの場所に立ってくださっているんだね。だから、ここに印をつけてコメントを書いておこう」

Ｃ「公民館の館長さんが、『安全のために』話してくれた動画も、大切だと思うから、ぜひ載せたいな」

Ａ「こうやって話していくと、本当にいろんな人が地域の安全を守ってくれているんだね。全部載せたいところだけど、あんまりやるとごちゃごちゃして、よくわからなくなるから、取り組みをもう１回整理して、優先順位をつけていくってどうかな」

● DX ポイント！

・自分たちで、安全マップを作っていくことは、防災意識を高めるだけではなく、高学年にとっては、これまで学んできたことの復習となり、低学年にとっては、自分たちが暮らしている地域のことに興味、関心を持つきっかけにすることができます。

・避難訓練で活用していくことで、よりよいものを作っていこうという意欲を高めることが期待できます。

・地域の方にも紹介、共有することで、子どもたちが見えているところ、見えていないところを把握して、修正していくことができます。

・「安全」の視点だけではなく、「健康」「歴史」「文化」「あそび場」など、さまざまな視点で活用し、広げていくことができます。

● デジタルツール・ワンポイントアドバイス

・Classroom で課題を配付するとき、各自で編集できるように設定を「生徒がファイルを編集」にしておきます。

（本田明菜）

19 卒業文集を友達と協働して書いていこう

DXでこんな実践が！

　6年生で書く卒業文集。題材を選ぶところから推敲までを視覚化します。子どもたち同士でコメントをし合い、文章をより伝わるものにしていきます。お互いに読み合うことで表現力を磨くことを、また相手を理解していくことを目指します。

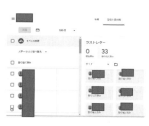

「Google スライド」の画面

進め方

　事前に Classroom に課題として、「Google スライド」のリンクを貼り付けておきます。個人の作業は、「自在原稿用紙*1」（リンクを Classroom に貼っておく）で行い、その都度「提出 BOX」へ提出します。

①テーマを選びます。（例：思い出、大切にしたい言葉、未来の自分へ）

②キーワードで文を作ります。 提出 BOX へ提出

③「自在原稿用紙」に文字を入力して文章を完成させます。（1回目）
　提出 BOX へ提出

④文章を読み、コメントをつけ合います。

⑤コメントをもとに修正し、アップします。（2回目） 提出 BOX へ提出

⑥よさを伝え合います。

⑦原稿用紙に清書します。　　　　＊1　https://sscard.monokakitools.net/genko.html

活動の実際＆エピソード

A「ねぇねぇ。文集のテーマ決まった？」

B「まだ。テーマを『思い出』か、『大切にしたい言葉』かで悩んでるの」

A「そっか」

B「テーマは今週の金曜日までが締め切りやったよね。う〜ん……」

A「迷ってるんだったら、Dさんが『大切にしたい言葉』でもうアップしていたよ。見てみたら、何か思いつくかもしれないよ」

B「ありがとう。（スライドを）ちょっと見てみるね。なるほど……。ちょっと自分のイメージには小学校の思い出の方が合うかもしれない」

（後日）

T「今日はお互いの文章を読み合って、コメントを出し合います。やりとりを通して、より伝わる表現にしていけるとよいですね」

（受け取ったコメントを読んで修正する時間）

B「（Fさんからもらったコメントの内容を読んで）うんうん。文が短くて、読みやすいって気づいてくれたんだ。そこは意識して書いたから、わかってくれてうれしいな。あとは……『内容は、よくわかったから、どうしてそのことが心に残っているのかをもう少し具体的に説明してくれると、今よりわかりやすくなると思うよ』かぁ。自分では伝わると思ったんだけどなぁ。どうしようかな……。あのとき、〇〇さんと話したことを入れてもう少し詳しく書いてみよ」

● DX ポイント！ ･････････････････････････････････････

・コメントを受け取って、参考になったことやよかったことを共有することでお互いのよさを感じることができます。

・推敲がより多様な視点で取り組めるようになります。

・学校外でも友達の内容や進み具合を確認できるので、学校に行きづらい場合や自宅待機の場合でも安心して進めていくことができます。

● デジタルツール・ワンポイントアドバイス ･････････

・フォーマットは基本的なものは子どもたちと相談のうえ作成し、アレンジ可能にしておきます。

・提出は、できた子からアップして共有していくとより効果的です。

・誤ってほかのスライドを削除してしまうことを防ぐため、各自でスライドを作ったうえで、提出用のスライドに貼り付けます。　（本田明菜）

20
「学びのポートフォリオ」を みんなで作りあげよう

🔴 DXでこんな実践が！

ファイルやバインダーなどで、学習資料や子どもの振り返り、成果物などをためていくポートフォリオを作成している方もいると思います。「Googleサイト」を活用した「学びのポートフォリオ」では、子ども主体で学びを記録・共有することが可能になります。

「Googleサイト」の画面

🔴 進め方

①教師が「Googleサイト」でホームページを作成します。

②共同編集者に追加された子どもたちが、担当やプロジェクト毎にサブページを作成します。

③子どもたちがページを更新していきます。

🔴 活動の実際＆エピソード

総合的な学習の時間で、「食品ロス削減プロジェクト」を実施します。その具体的な活動内容を決定する場面です。

A「食品ロスを減らすために、どんなプロジェクトをしたい？」

B「次は残食から肥料を作るコンポストプロジェクトをしたい！」

A「何でそう思ったの？」

B（「学びのポートフォリオ」を見せながら）「前に地域の農家の人が『農家の人の気持ちを考えて台所に立ってほしい』と言っていたのに、前回の調査の結果では、家で野菜の芯や皮などをそのまま捨てている人が多かった。だからコンポストを作って食品ロスを肥料に変えたいと思うんだ」

「学びのポートフォリオ」には、これまでのゲストティーチャーの方

からの資料、当時の子どもたちの振り返り、活動の成果と課題、関連するインターネットの URL などが記録されています。

　次に、地域のお店にポスターの掲示をお願いする場面です。

C「こんにちは。私は○○小学校 5 年児童の C と申します。今回は私たちの学習に協力してほしくてお電話しました」

お店の人「はい。どんな内容でしょうか？」

C「事前にお送りさせていただいた『学びのポートフォリオ』というサイトはご覧になられましたか？」

お店の人「はい！見ましたよ。すごいことしていますね〜！」

C「ありがとうございます！それらの学習をもっと多くの人に知ってもらうために、食品ロス削減ポスターをお店に貼らせていただきたいと思っています！よろしいでしょうか？」

● DX ポイント！ ･････････････････････････････

　「Google サイト」を活用した「学びのポートフォリオ」では、いつでもどこでも学びを振り返り、根拠を可視化して共有することが可能になります。自分のタイミングで随時更新ができるため、子どもたちは自分の思いや考えをより鮮明に記録していきます。総合的な学習の時間では、担任以外の先生や、学校外の施設・団体に協力をお願いすることもあります。URL や QR コード 1 つで学びを共有することができ、これまでの学習の成果をより多くの人に見てもらうことができます。「学びのポートフォリオ」は、図工作品集や図書紹介、学級ホームページなど、さまざまな学習活動に応用することができます。

● デジタルツール・ワンポイントアドバイス ･････････

　「Google サイト」は公開範囲を指定することができます。公開範囲を特定のユーザーのみに設定することで、安心して学習を進める大きな手立てとなります。「学びのポートフォリオ」の例は QR コードで紹介しています。参考にしてください。　　　　（大内秀平）

21

オンライン学習で
選択制グループ学習をしよう

🔵 DX でこんな実践が！

感染症対策の学級や学年閉鎖、休校などによるオンライン授業が増えました。子どもが教科を選択して学習をする環境をオンラインだからこそ作ります。

オンラインで会議を分けて学ぶ子どもたち

🔵 進め方

①「Google Meet」で「新しい会議」を事前にいくつか作成します。

（＊Zoom の場合は、参加者が自由に出入りできるブレイクアウトルームで対応可能。勤務地で利用している「Google Meet」も Zoom と同様機能の「ブレイクアウトセッション」がありますが、Zoom のように自由に出入りできないため、Zoom と似たような環境を模索してみました。）

②作成した会議へのリンクを提示します（PDF 等で表示します）。

③学習に応じて、それぞれの会議に入って取り組みます。

🔵 活動の実際＆エピソード

2時間分のオンライン授業で国語と算数に取り組むことになりました。このクラスでは何度かオンライン授業の経験があります。教師から、

「今回は、国語と算数で2時間を行います。国語は意見文の学習、算数は図形の学習です。国語が会議①と②、算数が会議③と④、少しリラックスしたい人の雑談の部屋が会議⑤となります。このメインの会議に残って参加しても大丈夫です。11：30になったら、このメイン会議に戻ってきましょう」と伝えられました。

早めに文章を書きたいと思ったA、意見文に苦手意識があるB、得意な国語からスタートしたいと思ったCは国語の①の会議に参加しました。事前に例示されていたテーマの「朝食はご飯かパン、どちらがよいか」で意見文を書こうと思いました。Aは「私はご飯派だけど。みんなはどう？」と

聞くとBが「私も一緒。理由は納豆と一緒に食べたいから」と答えました。Aは理由が一緒で大きく頷きました。Cは「私はパンかな。意見は違うけど、どんなエピソードを書くのかな。私は忙しい朝のことを書こうと思っていた」と言うと、3人以外のほかの児童も自分の考えを話し始めました。

　算数の会議③では、Dが「どうやれば、この図形の面積って求められるかな」とみんなに尋ねました。すると、算数が得意なEが「どこかに線を引けば、求められそうだね」と伝え、算数が苦手なFが「Eさんありがとう。これなら、できそう」となりました。Dも理解することができ、ほかの子に方法を伝えていました。Eはうれしそうな表情で、「では、私は国語の②に行ってきます！」と別のところへ行きました。

　会議⑤では、Gが国語②と算数④で計1時間の学習をして、疲れて休んでいましたが、「私はもう1回、国語②に行こうと思う」と話していました。Hは「いいねぇ。私も20分くらい国語②のみんなと学習しようと思う。誰かほかにもいるといいね。その後は算数④でもう1つの図形について誰かと考えたいな」と答えました。GとHは一緒に国語②へと向かい、友達とアドバイスをし合って学習しました。

DX ポイント！

　「教科の選択、学び方をオンラインでも選ぶことができる」がポイントです。学級には、1つのことに長い時間集中したい子、短時間で集中して学習することが得意な子など、多様な子どもがいます。自由に会議の部屋を行き来することができ、自分に合ったペースで学習を進めます。また、子ども同士のやりとりの環境を教室と同じように作ることで、「少人数の中で発言することができてよかった」、「自分の課題を解決することができた」といった経験がオンラインでもできます。

デジタルツール・ワンポイントアドバイス

　教師はすべての会議に対して、主催者として入ることで学びの様子を確認することができます。

（久保木靖）

22
学習状況を随時共有して協働感覚を養おう

🔵 DX でこんな実践が！ ・・・・・・・・・・・・・・・

　調べ学習で、「何を調べるのか」「どうまとめるのか」イメージをつかんでいくために、途中の経過をミライシードの「オクリンク」[*1]で共有します。作成過程を視覚化し、その都度コメントし合うことで、内容の理解を深めていくことを目指しています。

「オクリンク」の画面

🔵 進め方 ・・・・・・・・・・・・・・・・・・・・・・・・・・・・・・・

①「オクリンク」でボードを作り、「学年・組・日付・時限」を提示します。
②スライドに調べたいことを書きます。（1枚目）
③スライドを 提出BOX に提出します。
④お互いの考えを共有し合います（全体で確認するときは、画面共有）。
⑤スライドに調べたことをまとめます。（2枚目）
⑥スライドを 提出BOX に提出します。
⑦修正を加え、スライドを完成させます。

🔵 活動の実際＆エピソード ・・・・・・・・・・・・・・・・・

T「前回、調べたいことをスライドに書きましたよね。（家にいる）Gさんは、〇〇に興味があるみたいですね。Gさんは、『これまで教科書で確認しただけではわからなかったけれど、みんなのおかげで調べることが思いついた』と言っていました。では、活動を確認します。今日は、自分が調べたことをもとに、スライドを作成していきます。前回のスライドに、2枚目を加えます。ここに、自分が調べたことをまとめていきます。何か不明なことや確認しておきたいことがありますか。活動の流れは、黒板にも書いています。困ったらここを見るか、質問をするよう

＊1　https://www.teacher.ne.jp/miraiseed/products/okulink

にしましょう。活動は30分とりますが、15分経ったときに、全体で進み
具合を確認します。では、始めましょう」

A「(小声で) う〜ん……。こうやって調べていくときどうやってまとめ
るのか、イメージがつかないんだよなぁ」

B「だったら、似たようなキーワードの人を探して、見てみたら」

A「う〜ん。いまいち、どうやるのか、よくわからないなぁ」

B「じゃあ、一緒に見てみよっか。調べたいことは何?」

A「あ、ありがとう。助かるよ。えっと……、水墨画についてだよ」

B「水墨画ね。オッケー。えっとね、CさんとDさんとかが水墨画につ
いて調べているみたい」

A「ここの画面ってこうやって出すんだ。助かった。ありがとう」

B「いいよ。Cさんは、水墨画を描いた人を調べてるみたいだね」

A「Dさんは、水墨画の始まりを調べるって言っていたような……」

B「あっ。ほんとだ。そう書いてるね。直接見に行ってみたら」

A「そうやね。そうしてみる。ありがとう」

●━ DX ポイント！●●●●●●●●●●●●●●●●●●●●●●●●●●●

・教師が個別にヒントカードを送ったり、子ども同士でコメントを出し
合ったりすることで、学習内容をより深めていくことができます。

・教室に限らず、LIVE モニタリングを通して、子どもたちが何に取り
組んでいるのか状況を確認することができます。

・長期欠席している子どもでも、関わりが生まれてくるので、お互いの
ことを理解していくことにもつながります。

●━ デジタルツール・ワンポイントアドバイス●●●●●●●●●

・各自で取り組んだものが見えるように「提出 BOX」は「すべての子
どもに公開」の設定にしておきます。

・全体で確認をするときには、「画面共有」すると、子どもたちは自分
のタブレットでよりクリアに見ることができます。　　　　(本田明菜)

意見交流の効率化・活性化を図ろう

●● DXでこんな実践が！

　国語の学習で意見を交流する場面があります。個人の考えやグループでの話合いを共有するには、これまでは対面して話すしか方法がありませんでした。しかし、クラウド上のものに意見を書き込めば、自分の席にいながら交流することが可能です。しかも、すぐにそれに対しての意見も書き込めます。

●● 進め方

①クラスの共有ドライブを作成し、そこに全員が共有できる「Googleスプレッドシート」や「Google Jamboard」を入れておきます。
②授業時間に問いについての自分の考えをスプレッドシートやJamboardに書き込みます。
③それぞれの意見を見てコメントを書き込んだり、自分の意見を修正したりします。
④書き込みを見て対面して話したいときは、席を立って話し合います。

●● 活動の実際＆エピソード

　国語で「桃花片」という物語の学習をしています。今日は、全文を読んで、疑問に思ったことやみんなで話し合ってみたいことをスプレッドシートに書き込みます。

　「なぜ楊は頂上まで上り詰めたと思っても満足しなかったのか？」「なぜ桃花片という物語の題名なのか？」「どうして楊は父親にできないことを今に自分がするのだと思ったのか？」「父の焼き物に対する思いはどんなものだったのか？」

　いろいろな問いが書き込まれていきます。

　しかし、Aさんは手が止まっています。教科書の文章の読みが足りな

	C	D
1	「桃花片」の問いを書こう	
2	・なぜ楊は頂上まで上り詰めたと思っても満足しなかったのか。・なぜ桃花片という物語の題名なのか？・なぜ楊は父を超えられない気がしたのか？・なぜ貧しい農家に桃花片があったのか？	「なぜ父を超えられない気がしたのか？」 父は華やかなものは作らなかったが、色や形などが楊よりも美しかったら、それに対して、楊は素朴なものは作っているが、父が作った本当の美しさではなかったから。それに、楊はやる気持ちでどんどん作っていきたい気持ちで、父はひとつひとつに心を込めて作っていたから父を超えられない気がしたと思う。
3	なぜ桃花片と言う題名なのか？父は焼き物に対してどうゆう気持ちなのか？	父は焼き物に対してどう言う気持ちなのか？自分の考え 父は陶磁器に限りない愛情を注ぎ込んだ。気に入った出来栄えの物も、そうではない物も暮らしのためにはどれひとつとして手放すことは無かった。だから父は、陶磁器に熱い思いをこめて作っていると思う。
4	なぜ父が焼き物を作っているのがばかばかしく見えた楊も焼き物を作っているのか	「なぜ焼き物を作っているのが馬鹿馬鹿しく見えた楊も焼き物を作っているのか」 楊は最初なぜなんな普段使う物ばかり使う焼き物作っているんだろう？いつか一回父にやってみろと言われやってみた、それで楊の作った物が上手だったから父にやれと言われわやっていた20になって楊はやりたくないのに作る人になっていろ父にこういった「父は焼き物そのものを経買できるのが本当の値打ちのないだろう」かと父に聞いてみたらな楊が「何かに使うから言って値打ちは下りはしないだろう」と言われ

問いと考えを書いたスプレッドシート

いのでしょう。しかし、じっと見ていたタブレット端末の画面を指でスクロールし、ほかの子の書いたことを読み始めました。どうやら、自分と似たようなＳさんの考えを見つけ、自分の欄に書き始めました。

　まだ空欄の子がいるので、私（教師）から「なんとなく、自分の考えがあるけどうまく表せないことってあるよね。そういうときのためのスプレッドシートでの共同編集だから、もっとほかの人の考えを読んで真似してみようよ」。その言葉をじっときいていたＮさんは、隣の子に「書いた？」と聞き、隣のＨさんが「ほら、これを見て書いたよ」と言ったことに安心したように、画面をスクロールして読み始めました。こうしてだんだん書き込みが進んでいきます。

　Ｔさんは、自分の問いを書き終えて、ほかの子の問いを読んでいます。「どうして楊は父を越してない気がしたのか」という問いを見つけてそれに自分の考えを書き始めました。「父の焼き物への気持ち、思いを分からないまま、ただみんなに認めてほしいという思いで焼き物を作っていて、今になって父の気持ち、思いを知って、技術も考えも自分は父には及ばないと考えたから。」と書きました。すると、その問いを書いたＯさんから「え、Ｔちゃん、すげえな。よくこんなこと書けるな」と遠くの席からＴさんに声が掛けられます。この時間は、小さな話し声はあったもののいたって静かに学習が進んでいたので、大きな声が上がっ

69

たこの瞬間は珍しい光景でした。

　見た目上は静かに学習していますが、画面上では活発に意見の書き込みが進んでいます。この時間はここまでで終わりです。

　次の国語の時間は、グループで話し合いたい問いを決めて、それについて意見を出して話し合います。自分の考えを広げたり深めたりすることがねらいです。今回は「Google Jamboard」の付箋機能を使って自分の意見を貼り付け、話し合いながら共通しているところを近くに寄せて、丸で囲んだり矢印をつけたりして考えを深めていきます。フレームを変えればほかのグループのものもすぐに見ることができるので、自分たちの話合いと比較しながら進めていけます。

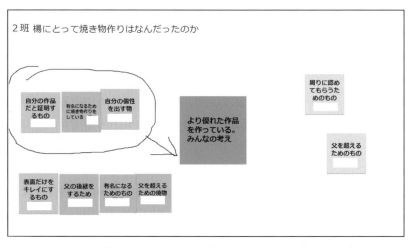

グループで使用した Jamboard（白い四角（□）には名前がある）

　グループは３〜４人で編成しています。このときは全部で９グループありました。２班では「楊（ヤン・主人公）にとって焼き物作りはなんだったのか」という問いを選んで話合いを始めました。Jamboard の付箋に自分の考えを書き、貼り付けていきます。Kさんは、Yさんが貼り付けた「周りに認めてもらうためのもの」という意見について、「それって、父を超えることと違うよね」と、投げかけました。すると、Yさんは、「父を超えるためには有名になるって考えたから、周りってい

うか世の中の人に認めてもらえればって……」うまくまとめられないYさんに続けて、Mさんが「たぶん、有名じゃなかった父を超えるには、楊にとっては周りに認めてもらって

グループでの話合い

有名になることだったんじゃないかな」と付け足します。Kさんは納得したように「あ〜そういうことね」と言いました。

　こうした話合いが教室のあちこちで行われていき、最後にクラス全体で共有します。グルーごとにどんな意見が出て、どんな話合いになっていったのかを発表します。この際も、手元のタブレットの画面と電子黒板の画面の両方で、グループで作成したJamboardを見ることができるので、よりわかりやすくなります。

● DX ポイント！

　情報共有が手軽にしかも短時間で行えることと、画面上だけでなく対面での話合いも活性化します。そして、保存しておいて振り返ることも簡単です。スプレッドシートもJamboardも共同編集ができるので、交流に適しています。

● デジタルツール・ワンポイントアドバイス

　共同編集ができるので、誤操作でほかの人のものを消してしまったり移動したりすることがあるのでマナーの徹底が必要です。　　　（佐々木潤）

24
チャット機能を用いて効率的なジグソー学習をしよう

💬 DX でこんな実践が！

1人1人が責任を持って調べるために有効なジグソー学習[*1]。共有する時間や書いてまとめる時間を要するために時間がかかってしまいがちです。チャット機能で情報を即時に共有・蓄積することで、短時間で調べたことを共有し、多くの情報を集めることができます。

「Google チャット」の画面

💬 進め方

①クラス全員を登録したスペースを年度始めに作成しておきます。それによって「住宅グループはスペース2、観光グループはスペース3を使います」というように即座に割り当てることができます。

②普段の学習班で調べることを役割分担します。学習班での役割が同じ子ども同士が各班から集まり、エキスパートグループを作ります。

③エキスパートグループで調べ活動を行います。情報は各エキスパートグループに割り当てられたスペースに書き込みます。

④学習班に戻り、チャットを参考にして調べたことを発表します。

💬 活動の実際＆エピソード

5年生の社会科で寒い地域の学習後に発展学習としてあたたかい地域のくらしを扱った授業を行いました。調べることは好きだけれども、書いてまとめることが苦手なAさんのグループ学習の様子です。

B「僕たちの役割分担は沖縄の『観光』だね」

A「首里城が有名なのか。写真をタイムラインにアップしよう」

＊1　協同学習の手法の1つ。エキスパートグループ（専門家グループ）で協力して調べた情報をベースとなる学習グループに持ち帰る。1人1人の学びの責任を明確にするとともに、効率よく情報を集めることができる。

C「あ、おれも同じところを調べていたよ。でも火事にあって焼けてしまったんだって。ほら」

A「え、そうなの？　見せて、見せて。うわぁ、これはひどいね……」

　情報がリアルタイムで蓄積されていくので、共有する時間を教師が設定しなくとも、自然と情報を伝え合う姿が見られるようになります。

B「海がきれいなのか。この写真をアップしてみよう」

A「おお、この海、きれいじゃん。私も調べてみよう」

　リアルタイムの情報共有は知的好奇心を刺激し合います。調べ活動の最後にグループでタイムラインを確認し、質問し合うようにします。

T「では自分の学習班に戻り、それぞれ調べたことを伝えましょう」

A「私は『観光』について調べました。これはBさんが調べた海の写真です。マリンスポーツができ、海が人気のスポットです……」

　友達が調べたことの画面を見て自分の発表に生かしています。「学習班の友達に伝える」という責任感があることで友達の情報も自分のものにしようとする意識が高まります。タイムラインをそのまま発表に生かせることは「書いてまとめる」ことを苦手とするAさんにとっても、Aさんの学習班のメンバーにとっても大きなメリットになります。

●● DXポイント！ ∙∙∙

　チャットには、「①投稿がリアルタイムで反映され即座に共有されること」「②情報がタイムラインで表示されまとめる必要がない」というメリットがあります。調べる時間＝共有する時間となり、ジグソー学習を無理なく授業に組み込めます。さらに、調べ学習が苦手な子どもが学習班に情報を持ち帰れないというジグソー学習のデメリットも軽減できます。

●● デジタルツール・ワンポイントアドバイス ∙∙∙∙∙∙∙∙∙∙∙∙∙∙∙∙∙∙∙∙

　SNSに近い感覚で使えるため、約束事を確認する必要があります。スタンプは送らない、必要な情報のみを書き込むことを共通理解しておくことが大切です。

（武田直樹）

25

アンケート結果を即時共有して 全意見を含んだ話合い活動をしよう

🔵 DX でこんな実践が！

1人1台端末を用いたアンケート機能（「ロイロノート・スクール」や「Google フォーム」）で、話合いの事前や事中に回答の集計をリアルタイムで学級全員に共有します。少数派の意見も尊重できる話合い活動は、納得感が大きい集団決定と実践活動につながります。

話合いの最中に多様な意見を端末で確認

🔵 進め方

プロジェクトのリーダーが学級会までに集会活動の原案とアンケート（原案に賛成 or 別のアイデアを出す）を作り、回答を共有します。

🔵 活動の実際＆エピソード

秋のお楽しみ会に向けて、アンケートで最も多かったケイドロを「どのように」したら全員が楽しめるかを学級会で話合います。

司会「アンケート結果のグラフを見てください。プロジェクトリーダーが考えたケイドロのルールの原案にほとんどの人が賛成していますが、別のアイデアを出しているAさん、Bさん、意見をお願いします」

A「はい。ドロチームがお宝を運び出すアイデアを考えたのですが、少し複雑過ぎたかもしれないので、今回は、原案通りでOKです」

B「はい。私は、追いかける人がボールなどを1つずつ持てるのはいいと思ったのですが、当たっても危なくないのがいいと思いました」

C「なるほど。僕も、賛成です。柔らかい棒なんかもよさそう」

挙手による発言や相談タイムを中心に進めるばかりでなく、端末に意見を入力し、見合えることで、議論に参加できる子もいます。

司会「……それでは、ここまで出たことについて、それぞれの端末に今

の意見を入力してください」

Ｃ「賛成っと。あれ、Ｂさんはまだ心配なことがあるみたいだな？」

司会「Ｂさん、端末に打ち込んだことを少し詳しくお願いします」

Ｂ「はい。Ａさんがはじめに話していたお宝のアイデアです。校庭３ヵ所に置いて、指揮台前まで３つ全部運べたらドロチームの勝ちになるルールだとわかりやすいと考えたのですが、どうでしょう？」

Ａ「そっか！それだと、実現できそうだけど……みんなはどうかな？」

Ｃ「いいね、おもしろそう！僕、お宝ゲットしたいな！」

　追いかけるチームは柔らかいボールや発泡ウレタンの棒などのアイテムを持つこと、逃げるチームは３つのお宝を指揮台前に運べたら勝利するオリジナルケイドロのルールを20分間で決めました。チームや作戦まで学級会の残り時間内で決め、当日も大いに盛り上がりました。

🍡 DX ポイント！ ∙∙∙∙∙∙∙∙∙∙∙∙∙∙∙∙∙∙∙∙∙∙∙∙∙∙∙∙∙∙∙∙∙∙∙∙

　話合い活動の真っ最中に、頭の中や心の中を覗き見し合えるイメージです。少数派の意見も目に入る点がポイントです。全員の意見が対等に尊重される環境が、民主的な話合いには必要不可欠です。「何を」(What) はさらりと、「どのように」(How) をじっくりと、これだけは全員で決めないと前に進めない論点の焦点化を、アンケート機能が後押しします。設定していた45分間より短い時間で決まったら、準備や実際に試してみる時間に充てます。やってみることが大切です。

🍡 デジタルツール・ワンポイントアドバイス ∙∙∙∙∙∙∙∙∙∙∙∙∙

　話合い活動の事中アンケートは、例えば、「ロイロノート・スクール」や「Google フォーム」で下記のような汎用性のあるフォーマットを事前に準備しておくと重宝します。リアルタイムで更新される回答データの概要はグラフで、詳細は一覧で、瞬時に共有することが可能です。　　　　　　　　　（鈴木優太）

1	氏名∙∙∙∙∙∙∙∙∙∙∙∙∙∙∙∙∙∙∙∙∙∙∙∙	【選択式】
2	賛成 or どうしても心配∙∙∙	【選択式】
3	意見∙∙∙∙∙∙∙∙∙∙∙∙∙∙∙∙∙∙∙∙∙∙∙∙	【記述式】

🦴 DX でこんな実践が！

　プロジェクト活動を行う際は、全体計画や進捗状況を共有することが大切です。人数が多い場合や、同時に複数の活動が動いている場合は、教師

「Notion」の画面

も子どもも、目的・内容・作業・期日・役割などの共有が難しくなります。そこで、「Notion」を活用して全体像の可視化を図りましょう。

🦴 進め方

①「Notion」でワークスペース（画像）を作り、子どもたちを招待します。
②子どもたちがプロジェクトの計画やタスク（作業）を入力します。
③子どもたちがプロジェクトに取り組みながら進捗状況を反映させます。

🦴 活動の実際＆エピソード

　総合的な学習の時間で、「食品ロス削減プロジェクト」を実施します。決められた時間内でプロジェクト毎に計画・準備を行う場面です。

A「準備時間は残り３時間！今日のタスクは、完食すごろくの設計図を完成させることと、ご褒美シールのデザインを完成させることだね。僕は引き続き完食すごろくの設計図作成に取り組むね」

B「私たちはご褒美シールのデザインの続きをやるね。ルール説明のプリント印刷のタグが『進行中』だけど、まだ終わってないのかな？」

C「そうなんだよ。前回終わらなくて。今日も続きをやるね」

D「じゃあ僕たちは手が空いているからCさんたちを手伝うね！」

　タスクには『未着手』『進行中』『完了』のいずれかのタグ（表示）を

テーブルビュー	リストビュー +			フィルター 並べ替え Q ... 新規 ∨
Aa 名前	✿ タグ	⚎ 担当	☷ 期日	⦿ 資料・リンク + ...
タスクA	● 完了	⊛ ⊛	2022年10月14日	⦿
タスクB	● 完了	⊛ ⊛	2022年10月17日	
タスクC	● 進行中	⊛ ⊛	2022年10月20日	⦿
タスクD	● 進行中	⊛ ⊛	2022年10月20日	⦿
タスクE	● 未着手	⊛ ⊛	2022年10月27日	

付けます。進捗状況を共有でき、分担して取り組むことができます。

A「あれ！？お昼の放送で宣伝のCMを流す予定だけど、放送委員会の〇〇先生に許可ってもらってないよね？」

B「多分もらってないね。タスクに書いておくね！」

　別の場所で活動している子どもがコメントを入力します。

E「私、放送委員だから担当者になるね！今日の昼休みに放送委員会の〇〇先生のところに行ってくる！」

　チーム内での情報共有が即座に行われていました。

●● DXポイント！ ･････････････････

　頭の中で思い描いている構想を可視化でき、プロジェクトの全体像を子どもたち自身が把握できます。教師の手を離れて、子どもたちが残された時間とタスクに見通しを持ち、支え合いながらプロジェクト型の学習を進めることができるのです。自分たちで学習計画を調整しながら学びを進められる点が画期的です。係・会社活動での活用も効果的です。

●● デジタルツール・ワンポイントアドバイス ･･････････

　「Notion」は、プロジェクトやタスクの管理に特化したツールです。ワークスペース全体を担当者別や期日別で表示することも可能で、必要な情報を絞り込んで把握することができます。QRコード先では、「Notion」の活用イメージを掴んだり、操作方法を学んだりすることができます。ご覧ください。　　　　（大内秀平）

27
子どもの問いを
授業の中心に置いて進めよう

🔵 DX でこんな実践が！‥‥‥‥‥

物語文はただ読み進めていても十分に楽しめるものです。しかし、「あれ、なんでこの人は泣いているんだろう」や「この人は最後の場面でどんな気持ちだったんだろう」といっ

ごんぎつね　1場面			
名前(出席番号)	心に残ったこと	説明	字数
1	ごんの気持ち	ごんはとてもさびしいんだと思う。	16
2	ぎもんに思ったこと	ごんはなぜいたずらをするのか	14
3	ぎもんに思ったこと	ごんはなぜひとりぼっちなのか	14
4	ごんの気持ち	ごんはさびしがりやの性格だと思う。理由はごんがいたずらをするのはかまってほしいからです。	44
5	ごんの気持ち	ごんはいたずら好きな子供だと思いました。	20
6	ごんの気持ち	ごんはどういつの中に一人でいてさびしそうでした。	24
7	ぎもんに思ったこと	ごんはどういつの中でひとりでどうやって生活していたのかな	29
8	ごんの気持ち	ごんはいたずら好き。	10
9	ごんの気持ち	ごんはいたずら好き	10
10	ぎもんに思ったこと	ごんはごはんをどうやって食べていたのかな	20

「Google スプレッドシート」の画面

たように、問いを持ちながら物語を読むことで、文章を読み直したり、前後の文章を読み比べたりするなど、文章を深く読み取ろうとします。さらに、問いが自分自身の中から生まれたものであれば、より主体的に文章を読もうとします。

🔵 進め方‥‥‥‥‥‥‥‥‥‥‥‥

①毎時間、授業の終末で振り返りをスプレッドシートに書きます。
②毎時間、授業の導入で前時に友達が書いた振り返りを読み合います。
③課題に対する考えをスプレッドシートに書いて、読み合います。

🔵 活動の実際＆エピソード‥‥‥‥‥‥‥‥‥

『ごんぎつね』の山場の場面です。単元を通して「ごんは変わったのか」について探究しています。
T「今日もクライマックスの場面について学習していきましょう。前の時間でみんなはこの場面をどう読み取ったのかな」
A「ごんは変わったと思う」（前時のAさんのスプレッドシート）
B「Aさんが書いているとおり、ごんは変わったと思うな」
C「どんなふうに変わったかをまとめると、問いの答えになりそうだね」
子どもたちは、Aさんの前時の感想をきっかけに、山場のごんの行動の変化をまとめ始めました。しかし、Dさんは叙述を何度読み返しても、「ごんはいたずらをしていない」という文の続きが書けないでいました。

しばらく考えていたDさんは、周りの友達がタブレットを見ていることに気づき、前時のスプレッドシートを見始めました。それから、Eさんの「ごんは栗を固めて置いていたのがすごいと思った」という文を見つけました。Dさんは一瞬考え込んで、「あっ！」という声を上げ、ノートに自分の考えを書き始めました。そこで書けたDさんの考えは、「ごんがしているのはいたずらではなくなったと思う。なぜなら、いたずらならわざわざ固めて置かないから。」という文でした。その後のペアでのやりとりの中で、Dさんは、「自分が言いたかったことをEさんが書いていた」と話していました。スプレッドシートを通して、Dさんは、ごんの償いの気持ちを自分なりの言葉で表現することができました。

36人の中で、スプレッドシートを見ながら考えを書いている子どもが12人、スプレッドシートと教科書を照らし合わせながら見ているのが16人、教科書だけを見ているのが5人、何も見ないで書いているのが3人でした。その中で、これまでの学習内容を捉えて考えを書けていた子どものほとんどがスプレッドシートを使っていた子どもたちでした。蓄積した学びを、次時の問いとして活用したり、単元全体を捉える足掛かりとしたりすることで、深い読み取りに結び付きました。

●− DXポイント！ ・・・・・・・・・・・・・・・・・・・・・・・・・・・・・・・・・・

これまでの学びの蓄積とは、ノートを見て自分の考えを振り返ることでしたが、スプレッドシートを使うことで、自分の考えだけでなく友達の考えをすぐに見られます。そうすることで、より多様な意見に触れることができ、自分の考えをブラッシュアップすることができます。

●− デジタルツール・ワンポイントアドバイス ・・・・・・・・・・・・

「データの入力規則機能」を使うことで、セルに入力する内容に制限をかけられ、子どもが同じ考えの友達をすぐに見つけられるようになり、担任も子どもたちの考えの集約を効率的にできるようになります。詳しくはQRコードのリンク先を参考ください。　（清野弘平）

28

共有ホワイトボードを用いた
「合法カンニング」で共有知識を増やそう

🔵 DX でこんな実践が！

　さまざまな事情があって教室で学ぶことができない子どもがいます。そこで、自宅にいても別室にいても、教室の学びを共有することができる方法を紹介します。

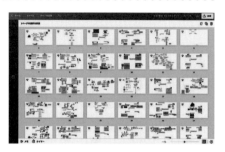

「Canva」の画面

🔵 進め方

①「Canva」でホワイトボードを新規作成し、課題の内容等を入力します。

②①のページを学級の人数分複製します。

③ホワイトボードを子どもに共有します（権限は「編集可」）。

④子どもが自分の出席番号と同じページに課題をまとめていきます。

🔵 活動の実際＆エピソード

　6年生の社会科「武士の世の中」の学習です。本時のゴールは、「頼朝は、どのようにして武士たちを従えていったのかをまとめて説明できる」です。教室で授業を受ける子ども以外にも、自宅や別室から参加する子ども、欠席して後日学習に取り組む子どもがいます。教室にいる子どもも含めて「Google Meet」に接続しています。

【自宅で学習するAさん】

　資料から読み取ったことをまとめています。

A「幕府の周りには海や山があるな。なんでこんなところに幕府を開いたんだろう。誰かわかる人いる〜？」

D（教室から「Google Meet」で）「わかるよ！私のページ見てみて〜！」

A「なるほど！そうだったのか！参考にさせてもらう！ありがとう！」

【別室で学習するBさん】

　課題に対するまとめを考えています。

B「どんな言葉を使ってまとめればいいかな……。あ！Eさんがまとめをすでに書いている！見てみようっと。ふむふむ、なるほど、こんなふうに書けばいいのか！」

（コメント）「御恩と奉公って言葉大切だね！参考にさせてもらう！」

【欠席して別日に学習するCさん】

　後日登校したときに学習に取り組んでいます。

C（ホワイトボードに書かれた課題内容などを読んで課題に取り組む）「ん〜、でも御恩と奉公の意味がよくわからないな……」

F「Gさんのページがおすすめだよ！御恩と奉公をイラストでまとめていてわかりやすいよ！僕も参考にさせてもらったんだ！」

C「あ！ほんとだ！教えてくれてありがとう！」

● DXポイント！ ● ● ● ● ● ● ● ● ● ● ● ● ● ● ● ● ●

　1つのホワイトボードのファイルを共同編集することで、全員のノートを俯瞰することができます。互いのページを見合ったり、コメントを入れ合ったりすることが容易になります。友達のまとめ方を参考にできる「合法的カンニング」が、学びの共有へとつながります。

● デジタルツール・ワンポイントアドバイス ● ● ● ● ● ● ● ●

　ホワイトボードツールにはさまざまな種類がありますが、今回おすすめするのは「Canva」のホワイトボードです。「Canva」のホワイトボードは、100ページまで作成可能、枠の制限なし、コメント機能、豊富な画像素材などの観点からおすすめです（2022年9月現在）。QRコードでは実際のホワイトボードを紹介しています。参考にしてください。

（大内秀平）

29
「課題ポータル」を用いて
まとめかたに選択肢を与えよう

●● DX でこんな実践が！

　「アナログかデジタルか」「どのアプリを使わせるか」課題を出す際、指導や管理の大変さから、まとめ方を統一してしまうことがあります。そこで、まとめ方が違っていても、課題への入り口を一元化して効果的に学び合うことができる「課題ポータル」を紹介します。

「Google スプレッドシート」の画面

●● 進め方

①教師が「Google スプレッドシート」に児童名簿を貼り付けます。
②スプレッドシートを共有し、子どもたちを編集者に設定します。
③子どもたちが自分の名前の行のセルに課題へのリンクを挿入します。
④課題を見合い、セルにコメントを入力し合います。

●● 活動の実際＆エピソード

　社会科「自動車をつくる工業」の学習で、単元の最後に学習したことをまとめる場面です。

Ｔ「日本の自動車づくりのよさをまとめましょう。最後には３分の持ち時間で発表をします。どんなツールを使ってまとめたいですか？」

Ａ「私は『Google サイト』でまとめたいです！」

Ｔ「なんで『Google サイト』でまとめたいと思っているのですか？」

Ａ「車がつくられる工程ごとにページを分けたいし、発表のときに拡大ができるからです！」

Ｂ「僕は今回、思考ツールを使ったり、グラフに直接書き込んだりしたいから『ロイロノート』にまとめたいです！」

Ｃ「僕は動画編集が得意なので、イラストなどがたくさん使える

『Canva』で動画を作りたいです！動画を見せる発表でもいいですか？」
Ｔ「みんな面白い発想ですね！好きなツールを使ってもいいけれど、リンクは『課題ポータル』に忘れずに貼り付けて下さいね！」

　目的や自分の強みを踏まえてツールを選択し、課題に取り組みます。また、「課題ポータル」を入り口として、互いの成果物を見合うこともできます。
Ａ「現地生産って何かわかる？　ちょっといまいち理解できなくて」
Ｂ「僕もまだ現地生産のこと詳しくまとめていなかったけれど、Ｃさんの『Canva』の動画にわかりやすくまとめてあったよ！見てみたら？」
Ａ（「課題ポータル」からＣさんが作成した動画を見る）「そういうことか！イラストで解説してあってわかりやすいな〜！コメントも書いておこう。『参考にさせてもらったよ！ありがとう！』っと。完了！」

● DX ポイント！ ＝＝＝＝＝＝＝＝＝＝＝＝＝

　まとめるツールが違っていても、１枚のシートですべてを見合うことができます。スライド形式やサイト形式、動画形式など、自分の持っているスキルと学習のゴールに最適な方法を選ぶことができます。子どもたちの学び方に選択肢が生まれます。「Google Classroom（課題機能）」や「Google ドライブ（共有ドライブ）」でも行うことができますが、スプレッドシートで行うことで、情報が整理されたり、コメントを入力したりすることが容易になります。

● デジタルツール・ワンポイントアドバイス ＝＝＝＝

　アナログでまとめた場合は、写真を「Google ドライブ」に取り込み、写真ファイルへのリンクを貼ります。「ロイロノート」などの Google 以外のツールでまとめた場合は、PDF に変換するとよいです。また、子どもたちが自身の課題を友達に見てもらえるようにするためには、共有の設定を「閲覧者（コメント可）」にすることが必要です。QR コードでは実際の「課題ポータル」を紹介しています。参考にしてください。　　　　　　　　　　　　　　　　　　　　　　（大内秀平）

30 チュートリアル動画を作り合って操作スキルを高め合おう

🔵 DX でこんな実践が！

　学級内にはデジタル端末の操作が得意な子と苦手な子がいます。操作スキルの差は学習進度と学習の選択肢に差を生み出します。しかし、得意な子がチュートリアル動画（操作方法や手順を動画化したもの）を作成し

「Google サイト」の画面

て共有することで、互いに操作スキルを高め合うことができます。

🔵 進め方

①教師が「Google サイト」を立ち上げ、子どもを共同編集者に追加します。

②子どもが画面収録機能で方法や手順を収録します（必要に応じて編集）。

③子どもが「Google サイト」に作成した動画へのリンクを埋め込みます。

🔵 活動の実際＆エピソード

（「課題ポータル」（82〜83頁参照）に課題を貼り付ける場面）

A「誰か〜！自主学習ノートをスキャンしてスプレッドシートに貼り付けるやり方を教えて〜！」

R「Aさん！僕教えられるよ！まず……」

T「Rさんすごいなぁ。そのやり方、ほかの人も詳しく知りたいと思うから、画面収録して『6-3tube』（クラスの動画共有「Google サイト」）にアップしてくれない？」

（方法や手順を話しながら画面収録を行う場面）

R「こーんにーちはー！今回は、HさんとMさんと、自主学習ノートをスキャンしてスプレッドシートに貼り付けるやり方を紹介いたしま

すっ！」

H「まず、カメラアプリを起動します。すると、画面の右下に……」

R「次に、スプレッドシートを起動します。次に……」

M「最後に適用ボタンをクリックします。これで、完了でーす！次の動画もお楽しみにっ！またね〜！」

　後日、国語科「イースター島にはなぜ森林がないのか」の学習で、森林が失われた原因を読み取って伝え合う活動を行いました。そこでは、本文から読み取ったことをイラストを用いて説明し、画面収録して共有するRさんの姿がありました。

● DX ポイント

　これまでは教師が操作方法や手順を説明していました。得意な子の力を生かして動画で共有していくことで、全体の操作スキルが高まり、学習活動の幅が広がっていきます。共有・蓄積された動画は自分のペースで視聴でき、何度も見返すことができます。また学級内だけではなく、学年・学校全体で共有することで、さらに多くの効果が期待されます。画面収録は方法や手順を話しながら行います。順序立てて相手にわかりやすく伝える力が育まれ、教科の学習でも生かされます。

● デジタルツール・ワンポイントアドバイス

　画面収録の方法は端末によって異なります。Chromebook の場合は「Shift+Ctrl+ ウィンドウを表示」で収録可能です。また、「Google サイト」には動画を直接アップロードすることができないため、「Googleドライブ」へのリンクを挿入する必要があります。QR コードでは、実際のチュートリアル動画を紹介しています。参考にしてください。

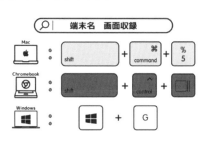

（大内秀平）

31

学習のまとめを協働で進めよう

💭 DX でこんな実践が！

目的はさまざまですが、学習のまとめを個人ではなく、グループで作成することがあると思います。そのとき、よく行われるのが模造紙にまとめる新聞形式です。私もこの形式を実践したことがありますが、複数人が同時に模造紙に書くことは物理的にできず、グ

「Google スライド」を使って共同編集

ループのリーダー的な子どもだけが書いている姿をよく見かけました。この姿を見て、「この活動でグループ全員の学びが成立しているといえるのか」という悩みが出てきました。しかし、「Google スライド」を使うことによって、グループ全員の学びに変化が見られました。

💭 進め方

①調べたことを共有し、どんなスライドを作るのかを話し合います。

②スライドの内容やレイアウトを話し合います。

③1枚のスライドを数人で作るのか、1人で1枚のスライドを作るのか、といった役割分担をします。

💭 活動の実際＆エピソード

Aさん、Bくん、Cさん、Dくんのグループが4月に「宮城県の食品」について模造紙でまとめていました。

A「もうちょっとで書き終わるからちょっと待っててね」

B「ふー。宮城県の地図を写すだけで授業が終わっちゃうよ」

Cさんは書く順番を待ちながら、教室の端で友達と雑談をしていました。Dくんは自分の書く順番が来るまで、パンフレットのページをぼーっとながめていました。このグループは、Aさんしか時間内に担当した部

分を書き終えることができませんでした。ＣさんやＤくんのように「書きたくても書けない」子どもをなくすことが今後の課題になりました。

そこで、12月に「宮城県の伝統工芸品」について、グループでまとめる場面では「Google スライド」を使ってまとめることにしました。

Ａ「私の分のスライドは終わったよ。みんなの手伝うから言ってね」

Ｂ「なら、僕のスライドに宮城県の写真を入れておいてくれない」

Ｃ「私のスライドには、こけしの写真を入れてほしいなぁ」

Ａ「オッケー！Ｃさんの調べているのは鳴子こけしだったね」

Ｃ「えっ！Ｄくんのスライドすごいね。レイアウトも見やすいし、表にしてまとめているからわかりやすいね」

「Google スライド」を使うことによって、全員が単元の目標（ゴール）に向かって取り組む姿勢が見られました。特にＤくんは、資料をしっかりと読み取り、細部までこだわったスライドを作っていました。

DX ポイント！

「Google スライド」は、クラウド上にあるファイルを共同編集するので、同時に１つのファイルを複数人で共有することができます。これによって子どもたちは、書くのを待っているようなムダな時間がなくなりました。そうすることで、１人１人が自分の学びを表現できる時間や、グループの友達と関わりながら活動する時間を確保できるようになります。また、複数人で１つのスライドを作ることや１人でスライドをじっくり作ることもできるので、子どもの特性やメンバー構成に合わせ、学び方を選択できるのもよさの１つです。

デジタルツール・ワンポイントアドバイス

スライドを作った次の時間には、コメント機能を使ってほかのグループに質問やアドバイスをする時間を取ります。このときに、グループ以外の人は、閲覧者（コメント可）という設定にすることで、誤ってスライドを削除してしまうトラブルが起きなくなりました。

（清野弘平）

32
互いに作文の添削をし合って よい作品を作ろう

🔵 DX でこんな実践が！

　子どもたちの作文を、教師ひとりが授業時間内で添削することは至難の業です。授業後にまとめて添削したとしても、時間が経って返された作文に「書き直すの面倒だな」「もっと早く教えてほしかったな」と、意欲をなくしてしまうこともあるでしょう。そこで、授業時間内で互いに添削し合える方法を紹介します。

「Google ドキュメント」の画面

🔵 進め方

① Classroom の課題機能で作文のファイル（「Google ドキュメント」）を配信します。

② Classroom →課題を表示→生徒の提出物→「課題のフォルダを開く」から「Google ドライブ」のフォルダにアクセスします。

③子どもの作文が集約されたフォルダ（「Google ドライブ」）の共有設定を「閲覧者（コメント可）」に設定し、リンクを子どもに共有します。

④子どもたちが作文を書きながら、自分のタイミングで添削をし合います。

🔵 活動の実際＆エピソード

　5 年国語「反対の立場を考えて意見文を書こう」の学習で、クラスをよりよくしていく方法を意見文にまとめている場面です。

A「ふぅ。とりあえず半分くらい終わったかな。誰か〜！僕の作文にアドバイスをくださ〜い！」

B「きりがいいところまで終わったからいいよー！」

C「私も見るよー！」

教師から共有された「Google ドライブ」へのリンクから、Aさんの書いた意見文にアクセスして添削やコメントを入れ合います。

B　（提案1：段落を追加）（提案2：「早さ」を「速さ」に置換）

C　（提案3：「、」を削除）（コメント1：「とてもすてきな言葉だね！」）

A　「おお〜なるほど。縄を回す速さの場合はこの漢字だったか。よし！『提案を承認』っと！コメントもうれしいな。2人ともありがとうね！」

C　「どういたしまして！じゃあ次は私たちで見合おうか！」

D　「僕も途中までチェックして〜！」

C　「いいよ！3人でやろうか！」

D　（Bさんの作文を見ながら）「あ〜！僕の意見文、想定される反対の意見を書くのを忘れてた〜！今から書きます！」

🔵 DX ポイント！ ....

　教師しか見ることができないはずの提出フォルダ（「Google ドライブ」）を子どもと共有することで、作文を書くことも、互いに見合ってよりよくすることも、同時進行で行うことができます。クラス全員の作文と、それらに対する提案やコメントを見ることができる機会が、よりよい作文を仕上げる力につながります。学習指導案や会議資料など、教師間で使うのも効果的です。一部の資料を順に回していくのではなく、見られる人から提案をしていくことが時間の有効活用になります。「いつ誰がどのような提案をしたのか」が明確になり、意見の行き違いを防ぐことができます。

🔵 デジタルツール・ワンポイントアドバイス ....

　Classroom で配信された課題は、教師に提出することができます。しかし、課題を提出してしまうと、課題の権限が教師となるため、子ども同士での提案やコメントを入れ合うことができなくなります。「未提出」のままで活動を行うことが大切です。提案やコメントの仕方は QR コードからご覧ください。

（大内秀平）

33

授業の空白時間で思考力を高める
問題づくりを進めよう

● DXでこんな実践が！

　算数では、単元の終末に定着を確認するため、練習問題に取り組むことが多いと思います。問題に取り組むと、スピードに個人差が見られ、早くできてしまった子が時間を持て余す姿が見られました。そんな上位群の子どもたちの目の色が変わり、学びが深まる学習が必要だと考えました。

● 進め方

①教科書の練習問題に取り組みます。

②難易度別に問題を考え、「Googleフォーム」で作成します（難易度は1が最も簡単で、5が最も難しい）。

③宿題で友達の作成した「Googleフォーム」の問題を解きます。

● 活動の実際＆エピソード

　今日は「わり算」のテスト前最後の授業です。教科書の練習問題に取り組んでいます。上位群の子どもたちは、授業時間の半分が過ぎた辺りですべての問題に正答し、「Googleフォーム」で問題づくりを始めました。

Ａ「よーし、みんなが迷いそうな問題文を作るぞ！」

レベル４　たけしさんは、スーパーで21Lの水を300円で買いました。その水を3人に配りました。1人分は何Lですか。（Ａ）
①100L　②7L　③63L　④900L

　Ａさんが作った問題は、前単元でＢさんが作成していた情報過多の問題を参考に作っていました。Ａさんは、問題づくりの学習をしたことで、さまざまな視点で問題を作成できるようになりました。このように、問題づくりの学習では、思考力を育てることができます。

　今日の宿題は、「『Googleフォーム』の問題を5問以上解くこと」です。普段宿題にあまり乗り気ではないCさんが進んで「Googleフォーム」の問題に取り組んでいます（子どもたちが作成した「Googleフォーム」は、Googleサイト「〇年〇組の家庭学習」で共有しています）。

C「今日は、ちょっと難しそうな問題に挑戦してみようかな。レベル4に挑戦してみよう。Aさんの問題はなんだか難しそうだな。やってみよう」（①と解答して間違える）

> 【答え】　②　7L
> 【解説】300円はこの問題には関係のない数字ですよ！

C「なるほど、300円は関係のない数字なのか。これはひっかけ問題だったのか。ようし、別の問題も解いてみよう」

　そんな様子でCさんは次々と問題を解いていました。すると8問も解いていました。子どもは友達の作った問題というだけで、「解いてみたい」という気持ちになり、意欲的に問題に取り組むようになります。また、家にいてもすぐに答え合わせができるので、間違い直しをすぐにすることができ、学習内容の定着にもつながります。

● DXポイント！･････････････････････

　算数における「問題づくり」の学習はこれまでも多くの実践例がありますが、全体に共有することや誰がどのように答え合わせをするのかなどの課題がありました。しかし、「Googleフォーム」を使って問題づくりをすることで、「すぐに」問題を作成・発信・答え合わせ・集計ができ、「どこでも」問題に取り組み、答え合わせができます。

● デジタルツール・ワンポイントアドバイス･････････

　「Googleフォーム」は「テストにする」という設定をすることで、解答後に正答と解説の文章を作ることができます。こうすることで、どこにいてもすぐに答え合わせと解説を読み、理解を深めることができます。　（清野弘平）

DX でこんな実践が！

　漢字の学習では、「読み方」「書き順」、「へんとつくり」等、さまざまな内容を学習します。学んだことを生かして問題を作成し、子どもたちで解き合う場面です。漢字ゲームをプログラミングすることで、よりわかりやすく、より意欲の高まる活動にすることができます。

「Viscuit」の画面

進め方

①漢字の学習を進めます。

②「Viscuit」で学習内容を生かしたゲームをプログラミングします。

③プログラミングしたゲームを紹介し合ったり、互いのゲームで遊んだりします。

④互いのゲームについてコメントし合い、ゲームを改善し、学習内容を振り返ります。

活動の実際＆エピソード

　今日の国語は「へんとつくり」の学習です。

A 「『木』と『交』が合わさると『校』だね」

B 「『木』は『反』と合わせると『板』にもなるよ」

C 「『木』は『木偏』だね。たくさんの漢字が作れそうだよ」

A 「よし、私は『木偏』のシューティングゲームにしようかな」

B 「いいねいいね。『校』も『板』も『林』も……」

　へんとつくりについて学習したことを生かして、シューティングゲー

ムづくりを始めます。発射台から「木」のビームが出て、「交」に当たると「校」に変化するという仕組みをプログラミングしていきます。

Ａ「できたよ！やってみて」

Ｃ「おお〜。『木』が『目』に当たって『相』になったよ」

Ｂ「この『読み』っていう発射台はＡさんオリジナルだね！」

Ａ「うん。『読み』が当たると読み方も表示されるようにアレンジしてみたよ」

　「Viscuit」は「メガネ」と呼ばれる簡単な仕組みでプログラミングできるため、子どもたちは簡単にゲームを作ることができます。自分で描いた部品を使い、アレンジも簡単です。

● DXポイント！

　子どもたちが問題づくりを行い、互いに解き合うという実践はこれまでも取り組まれてきました。それをプログラミングに置き換えることで、今までにはなかった、動きのついた楽しいオリジナル問題を作ることができます。作成したゲームはすぐに個人のデバイスで確認したり遊んでみたりすることができます。ゲームを作ることで学び、ゲームで遊ぶことで学ぶことができます。また、教師は手元のデバイスで作成中の様子からリアルタイムで確認し、アドバイスをすることもできます。

● デジタルツール・ワンポイントアドバイス

　「Viscuit」は原田康徳氏によって開発されたビジュアルプログラミング言語です。「きょうしつでビスケット」という学校用のViscuitパッケージが用意されており、作品の共有や管理が簡単にできるようになっています。使い方についても、開発陣によるオンライン講習や動画配信などのサポートがあります。「Viscuit」のHPと作例をQRコードで紹介します。

（薄玲那）

学習

35

音読を録音して音読交流会をしよう

🔵 DXでこんな実践が！

　国語の物語の学習で、音読発表・交流会を行います。発表に向けて1人で練習したり、友達に聞いてもらったりしながらよりよい音読を工夫します。この活動をアプリを使って行うことで、自分の音読をよりよいものにしたり、どこにいても交流に参加したりできるようになります。

「MetaMoji ClassRoom」の画面

🔵 進め方

①国語の学習を進め、音読で表現したいことなどを考えます。

②各自、「MetaMoji ClassRoom」のノートを開きます。

③音声ボタンを追加し、音読を録音します。自分の音読を聞いてみて撮り直しなどを適宜行います。

④友達のページを開き、コメント（肯定的なフィードバック）を入れ合います。

🔵 活動の実際＆エピソード

　今日の3校時目は国語です。これまで授業で読み取ってきたことをもとに、音読を録音し、交流する時間です。

A「僕は、3の場面を読むよ。Bさんは？」

　Bさんは、今日は自宅からオンラインで授業に参加しています。

B「私は4の場面かな。MetaMojiの……あ！この『音読交流会』のノートだよね。録音、がんばろうね」

A「うん！それじゃあ、あとでね」

　各自、それぞれの場所で録音を行います。空き教室で録音する子、階

段の踊り場で録音する子、そして自宅で録音する子もいます。

Ａ「Ｂさん！録音できた？」

Ｂ「うん！ボタンが赤になってるからばっちり録音できたよ」

Ｃ「お、みんなどんどん録音できているね。みんなの音読を聞いてみよう」

　それぞれのページを開いて音読を聞き、コメントを書き込みます。

Ａ「ＢさんとＣさんからコメントが来てる！うん、このおじいさんの気持ちが伝わるように声の調子を変えたのが伝わったかな」

Ｂ「家からでもみんなとコメントし合えてうれしいな」

　教師は子どもたちの画面を見て、同じように音読を聞いて評価に生かしたり、コメントし合っている様子を見てフィードバックしたりしています。

● DX ポイント！

　自分の音読を客観的に振り返るのはなかなか難しいです。アプリを使って録音することで、自分で自分の音読を聞いてよりよい表現を工夫したり、友達の音読を離れたところからでも聞くことができたり、発表・交流の方法が広がります。また、どこにいてもコメントし合うことができ、学びの場所の制限がなくなります。

● デジタルツール・ワンポイントアドバイス

　本実践では、「MetaMoji ClassRoom」を使い、個別学習ページの「生徒同士で書き込める」という設定を用いて、子ども同士の交流に生かしています。音声以外にも写真や動画等の貼り付けも簡単に行うことができ、学びの足跡を残していくことができます。「MetaMoji ClassRoom」は、教師が児童生徒の学習状況をリアルタイムで把握できる授業支援アプリです。一斉学習・個別学習・グループ学習といった授業シーンに合わせて授業ノートを作成できます。詳しくは、QR コードの HP をご覧ください。

（薄玲那）

36
多様な学びの姿を「AI テキストマイニング」で可視化しよう

DX でこんな実践が！

国語の物語文や道徳の授業では、最適解を求めるため多様な意見が生まれます。この意見を集約していく過程で学びが深まります。「AI テキストマイニング」を使うことで、この多様な学びが可視化され、より深い学びが生まれます。

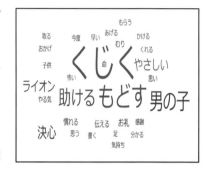

「AI テキストマイニング」の画面

進め方

①「Google フォーム」で自分の考えを記入・回答します。
②回答を「AI テキストマイニング」にコピー＆ペーストします。
③「AI テキストマイニング」の結果を子どもと共有します。

活動の実際＆エピソード

画像は物語文『サーカスのライオン』の第4場面、「中心人物のじんざが火に飛び込もうとする時の心情を考えよう」という課題に対する子どもたちの考えを「AI テキストマイニング」化したものです。この画像をもとに話合いを行います。

A 「『足をくじいた』という文字が一番大きいんだね」

B 「それはきっとくじく、助ける、やさしい、男の子という言葉が入っているから『足をくじいたのに、男の子を助けた』というじんざの優しさを感じた人が多いということかな」

T 「Bさんは、いろいろな友達の意見をつなぐことで、考えが深まっていますねー」

C 「僕は小さい文字だけど、『じんざは怖かった』と思うんだよね。

96

だって火に入るのはとても怖いことだから」

Ｄ「そう考えると、この場面のじんざは優しさだけでなく、決心というか覚悟を感じるよね」

　このような話合いが生まれた後、子どもたちは改めてこの場面のじんざの心情をまとめ直していました。「AIテキストマイニング」を使ったことによって、多様な意見を集約し、より考えを導くことができました。授業をしていると、多数派の意見が重要視され、少数派の意見が全体での学び合いの中で生かされないということがあります。せっかく多様な意見が出たのに、それが生かされないままでは学びが深まりません。学びを可視化することで、より多様な意見を取り入れる土台になると思います。

● DXポイント！

　「AIテキストマイニング」は、意見が可視化されるのがポイントです。意見の集約を可視化することによって、少数派の子どもの意見や普段あまり発言しないような子どもの意見も反映されることで、すべての子どもが安心して授業に臨むことができます。

　また、多様な意見をまとめて可視化できるので、意見を整理する時間が短縮されます。そうすることで、子どもたちが話し合う時間をより確保することができます。

● デジタルツール・ワンポイントアドバイス

　「AIテキストマイニング」を使っていると、「僕」「私」などの言葉が集計されてしまうことがあります。こういった言葉を「除去語設定」という方法で集計に反映させないこともできます。詳しくはQRコード（Webサイト）をご覧ください。　　　　　　（清野弘平）

37

外国語のテストは動画を撮影して何度も挑戦しよう

🐾 DXでこんな実践が！

外国語のパフォーマンス課題の評価の際、自分の発表している様子を子ども自身が動画で撮影します。クラウド上で共有し見合うことができれば、友達のよいところを学ぶこともできます。また、評価への時間を減らすこともできます。

スピーキングを動画撮影

🐾 進め方

①子どもは「ロイロノート・スクール」の動画撮影機能で自分が話しているところを撮影します。

②教師は動画提出用の提出箱を作り、そこへ動画を送るように指示をします。

③教師は動画は何度送ってもよいこと、提出箱に入っている友達の動画を見て参考にしてもよいことを伝えます。

🐾 活動の実際＆エピソード

この単元では、「自分の好きなこと、できること」を英語で話せることが目標です。本時のめあては「評価のポイントに気をつけながらテストの動画を撮影しよう。」評価のポイントは「クリアボイス（はっきりした声で）、アイコンタクト（目を見て）、スマイル（笑顔で）」の３つです。子どもは、評価のポイントを意識しながら動画を撮影しています。

Ａ「Ｂさん、僕の発表見てアドバイスしてね。（タブレットの画面を見ながら）Hello! I like music. I can play soccer. I can swim.Thank you!」

Ｂ（Ａが撮影した動画を見ながら）「うーん。今、見ていると、声をもっとはっきり出したほうがいいと思う。それから、目が横を見たり、下を見

ていたりしたから、きちんとカメラを見たほうがいいよ」

Ａ「そっか。わかった。じゃあ、次はそこを意識してみよう」

　発表のイメージが掴めていないＣさん。Ｄさんがアドバイスをしてくれています。

Ｄ「提出箱に入っている、もうテストを送った人の動画を見てみるといいよ」

Ｃ（動画を見て）「あー、そっか。画面に向かって自分の書いたものを発表すればいいんだね。わかった」

　タブレットの画面を見ながら、Ｃさんがテストにチャレンジし出しました。

●● ＤＸポイント！

①テストに挑戦できる回数が増える

　これまでは、発表会に向けて何度も練習をしても、一度発表したら終わりでした。そのため、本番で力を発揮できず評価を下げてしまう子どももいました。しかし、この進め方により、自分の発表を動画で撮影して送ることができるため、テストのチャンスがたった一度きりではなく、繰り返しテストに挑戦することができます。

②友達の送った動画を参考にして自分のテストに活かすことができる

　動画で撮影した映像は何度も見返すことができるので、発表のイメージを掴むのに時間がかかる子どもも友達の動画から学ぶことができ、よいイメージをもってテストに臨むことができます。

●● デジタルツール・ワンポイントアドバイス

　動画を撮影するときには、周りの音が気にならない場所で撮影してもよいことを確認することで、評価をしたり、自分で見返したりするときに音が聞こえづらい状況を防ぐことができます。また、マイク付きのイヤホンを差して録画をすると、より周りの音を気にせず録画することができます。

（菊池真人）

38

動画撮影をくり返して 満足できる演技にしよう

🔵 DXでこんな実践が！ ・・・・・・・・・・・・・・・

　跳び箱学習の毎時間、跳び箱を跳ぶ様子を子どもたち自身が動画で撮影し合い、自分の端末に保存・蓄積していきます。動画は「Google Classroom」で共有し、互いに見合うことで、刺激を受けたり学び合ったりします。

動画を撮影し合って学ぶ

🔵 進め方 ・・・・・・・・・・・・・・・・・・・・・・・・・・・・・・・・

①跳び箱学習の毎時間に行います。

②動画で確認したいポイントや撮ってほしい角度をペアで伝え合います。

③跳ぶ様子を端末で撮影し合い、動画を確認しながら練習します。

④その日の一番よい動画をマイフォルダに保存します。

⑤「Google Classroom」内のその日の課題に動画を投稿します。

🔵 活動の実際＆エピソード ・・・・・・・・・・・・・・・・・・・・・

　準備体操と基本的な運動を終えたあと、前回までに撮影している動画をペアで見合い、練習のめあてを持つ場面です。

Ｔ「ペアの友達の跳んでいる動画を見て、一言アドバイスと撮影ポイントの確認をしましょう」

Ａ「踏切がうまくいかないんだ。動画見てくれる」

Ｂ「踏切板に乗る前のジャンプが弱いのかもね」

Ａ「ありがとう。もっと強く跳んでみるよ。踏み切っているところがわかるように真横から撮ってくれる？」

Ｂ「わかったよ。僕は、目線が下を向いているみたいだから、どこを見ているかわかるように正面から撮ってほしいな」

　練習を繰り返しながら、確認したいときにペアの友達に声をかけて撮

影をしてもらいます。数人で集まってアドバイスをし合う様子も見られます。教師は、時間管理をしながら全体を周り、アドバイスや勇気づけの声掛けをしています。

T「次回は跳び箱学習の最終回ですが、1人ずつのテストはしません。学習の総仕上げの動画をこれまでと同じく撮ります。先生が見るポイントは、学習したことが意識されているかと、跳び箱学習の最初と比べてどのくらい成長しているかです」

A「先生の前で1人ずつ跳ばなくていいから、伸び伸びできるよ」

B「うん。撮り直しもできるからいいよね」

C「最初の動画と比べると、僕、ずいぶん跳べるようになったよ」

D「Classroom でみんなの動画を見るのも楽しみだよ」

● DX ポイント！

①授業が純粋に子ども個々の成長のための時間となる

②子どもは自分の成長に集中して練習を重ねることができる

　学習の最後に1人ずつ演技をさせて評価を行っていたときは、評価のためだけに1単位時間を使うこともありました。子どもたち自身が撮影し蓄積した動画を見るようになると、評価のためだけの授業時間がなくなり、授業が純粋に子どもの成長のための時間となりました。子どもにとっては、皆の前で1人ずつ演技をして他者と比較されることがないので、自分自身の成長に集中して伸び伸びと練習を重ねることができます。

● デジタルツール・ワンポイントアドバイス

　撮影した動画を共有する「Google Classroom」は、体育専用のものを作ります。Classroom に「○月○日跳び箱動画」などと体育の授業日毎に課題を作り、そこに子どもが動画を投稿することで、クラスの全員が動画を見合うことができます。子どもの端末のマイフォルダには、跳び箱動画用のフォルダを作らせ、跳び箱の動画を集約させておくと必要な動画を探しやすくなります。

（中嶋卓朗）

39

パートごとの動画で
合奏の練習を自動化しよう

🎵 DXでこんな実践が！ ⋯⋯⋯⋯⋯⋯⋯⋯⋯⋯⋯⋯⋯⋯⋯⋯⋯⋯⋯

　これまで、合奏をするときはパート譜を印刷して配って、子どもたちはそれを見ながら練習をしました。楽譜は市販のものだったので、そのまま使えないときは紙を貼って直さなければなりません。子どもたちが楽譜を読むのも大変で、音楽が苦手な子が、意欲をなくしてしまうことも少なくありませんでした。その問題をデジタル機器で解決します。楽譜作成ソフトを使うことで編集が容易になり、楽譜とソフトが演奏してくれる動画を共有ドライブにアップすることで、パート練習が画期的にやりやすくなります。音楽が苦手な子でも大丈夫です。

🎵 進め方 ⋯⋯⋯⋯⋯⋯⋯⋯⋯⋯⋯⋯⋯⋯⋯⋯⋯⋯⋯⋯⋯⋯⋯⋯⋯⋯⋯⋯

①合奏でやりたい曲を話し合って決めます。
②楽譜作成ソフト（本実践では「KAWAI スコアメーカーゼロ」）を使用して、
　楽譜を作ります。
③楽譜作成ソフトが演奏する動画を画面録画で撮ります。
④動画をクラスの共有ドライブにアップします。パートを決めます。
⑤自分のパートの演奏動画を見て、練習します。

🎵 活動の実際＆エピソード ⋯⋯⋯⋯⋯⋯⋯⋯⋯⋯⋯⋯⋯⋯⋯⋯⋯⋯⋯

　コロナ禍の中、音楽の授業も思うようにできませんでした。歌唱だめ、鍵盤ハーモニカやリコーダーのような吹く楽器だめ……、リズム打ちと鑑賞だけの音楽なんて全くつまらないです。そこで、考えたのは電子楽器や私保有の楽器（ギターやベース）を使って合奏することです。流行りの曲の合奏で子どもたちの意欲も高まるでしょう。

　そこで活躍したのが楽譜作成ソフトです。私が愛用しているのはKAWAI の「スコアメーカー」です。これは、既存の楽譜を読み取るこ

とも可能だし、そのまま演奏もしてくれます。楽譜全体の移調も楽器ごとの移調もOKです。（しかも、楽器のキーに合わせてくれます！）合奏したい曲をClassroomのストリームに子どもたちに書いてもらい、話合いののち決定したら楽譜の作成に取り掛かります。バンドスコアなどの既存の楽譜そのままでは小学生には難しいので、曲の雰囲気を損なわない程度に簡素化するのが一番の苦労です。

自宅にて楽譜編集中

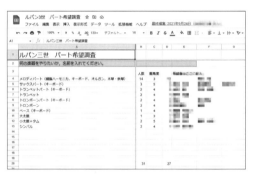
スプレッドシートでパートの希望調査

　楽譜ができたら、パートの希望を「Googleスプレッドシート」に書き込んでもらいます。各パートの演奏音源が共有ドライブに入れてあるので、それを聞いて決められます。希望調査のファイルはドライブ上で共有できるので、ある程度の期間を設けられるところが利点です。「何がいいかなぁ～」「ベース、やってみようかな」と悩みながらも何か楽しそうにしています。

　演奏音源は、スコアメーカーがそのパートを演奏しているものを画面録画して作成しました（Windows10の場合『Windows』＋『G』で操作バーが出ます）。ほかのパートの音量を下げて、そのパートだけ音量を大きくし、聞きやすくするのがポイントです。それを聞きながら個人練習できるようにしました。

　パートも決まり、練習が始まりました。朝の会で私のほうから『紅蓮華の楽譜をクラス共有（ドライブ）に入れたので、今日の練習から使ってください』と連絡。すると、その日の練習時間には、タブレットにイ

共有ドライブに入れた演奏音源

ヤホンをつないで練習する姿が見られます。イヤホンをしながら、「あ〜こういうふうに弾くのね」「えええ？難しいよね？今のところ」と言いながら、熱心に動画を見ています。

　スネアドラムのパートの子は、16分音符が並ぶ難しいリズムのところを何度も繰り返して聞いています。タタタタタタ……と、細かく叩く音が音楽室に響きます。

　ギターとベースのパートの子は、タブ譜（弦のどこをおさえればいいかを示した楽譜）を見ながら、動画の音と合っているかどうかを確認して練習しています。ギターやベースは鍵盤楽器と違い、弦を押さえるところが難しいです。でも、音源があるので、ずっと先生がついて個別に指導しなくても、自分で音を聞きながら

ギターもベースも弾けるようになりました。

練習できます。個人の練習が効率的に行えるのです。「先生、指痛いです（笑）」『それは練習した証拠だね』と、このパートならではエピソードも。

　もちろん、ほかのパートについても同様です。演奏動画の音源を聴きながら練習し、わからないときは「ここって、指、どれ使って弾いてる？」「ここはー、私の場合は人差し指と中指」「これって、ドのシャープだよね」というふうにパートのメンバーと相談する姿が見られます。先生は、それぞれのパートの練習の様子を見ながら、進捗状況を把握したり、演奏のアドバイスをしたりします。

● DX ポイント！

①曲の編集が劇的に簡単になります。既存の楽譜をスキャンして、クラスの子どもたちの実態に合わせて編集でき、音楽が苦手な子のために、♯（シャープ）や♭（フラット）を減らすような移調も簡単です。

②紙の楽譜を見ただけでは、子どもの音楽的スキル（楽譜が読めるとか、自分が演奏するタイミングがわかるとか）によって差が大きくなりますが、動画によってリズムやフレーズがわかりにくいところも耳で聞いて覚えられます。

③楽譜が流れていくので、どこの音なのかがわかりやすくなります。

④何度も繰り返して聞け、自分のペースで練習できます。

⑤音源に合わせた練習を積み重ねられるので、全員で合奏するときも合わせやすくなります。

● デジタルツール・ワンポイントアドバイス

　楽譜がない音楽ソフトもありますが、演奏するにあたっては楽譜が必要になります。選ぶときには楽譜が出るものを。

（佐々木潤）

40
スマートスピーカーを授業のアシスタントに用いよう

● DXでこんな実践が！

外国語の授業で話したいことがあるけれど何と言うのかわからない……という場面や、今の天気や予報をすぐに知りたい！というときなど、スマートスピーカーに聞くとすぐに知ることができ、活動がさらにスムーズに進みます。AI技術をより身近に感じることができます。

スマートスピーカーに話しかける子どもたち

● 進め方

①授業アシスタントとして、スマートスピーカーを子どもたちに紹介し、設置します。

②タイマーのセットや調べものに活用します。

③どんなときに使えそうかを考えさせ、子どもたちにも活用させます。

④どんな言葉を感知したときにどのような返答をするか等をプログラミングして活用するなど、さらに活用の幅を広げることもできます。

● 活動の実際&エピソード

自分がなりたいものについて英語で紹介し合う場面です。

A「I want to be a ○○ .の○○の部分になりたいものを入れればいいんだね」

B「そうそう。I want to be a singer !」

A「お、Bさんは歌手になりたいんだね」

B「うん、歌うの好きなんだ。Aくんは？」

A「えっと、I want to be ……あれ、弁護士って何て言うんだろう」

B「う〜ん、このプリントには載ってないねぇ」

Aくんは自分のなりたいものを調べるためにスマートスピーカーを使

うことにしました。

A「ねぇ、CLOVA[*1]。"弁護士"って英語で何て言うの？」

スピーカー「"Lowyer"」

A「えっ、速くて聞き取れなかった……。よし、もう1回。ねぇ、CLOVA。"弁護士"って英語で何て言うの？」

スピーカー「"Lowyer"」

A「Lowyerか！OK、わかった」

　1度聞いてわからないときも、繰り返し聞くことができます。

A「Bさん、Bさん！I want to be a lowyer !」

B「Oh, nice !」

　その後もやりとりは続きました。

● DXポイント！ ・・・・・・・・・・・・・・・・・・・・・・・・

　本や辞書ではすぐにはわからない発音も、スマートスピーカーを使うことですぐに理解でき、会話にすぐに生かすことができます。また、天気予報やニュースなどの情報をリアルタイムで聞くこともできます。ほかのデジタル機器と接続してさらに活用の仕方を工夫することも可能です。教室に頼もしいアシスタントが増えたように活用できます。

● デジタルツール・ワンポイントアドバイス ・・・・・・・・・

　スマートスピーカーを使うには、インターネットへの接続が必要です。スマートスピーカーはもちろんスピーカーとして使用できるので、手元のタブレット等から操作して音楽を流すことも可能です。さらに、スマートスピーカーに質問や指示をするときは、端的な言葉で伝える必要があるので、わかりやすい言葉で自分の想定通りに指示をするにはどうしたらいいかを身につけることにもつながります。また、非接触で使用できるため、消毒等をしなくても何人かが連続して使用することも可能です。　（薄玲那）

＊1　LINE CLOVA Assistant サービス（音声操作による各種機能）は2023年3月30日に終了予定ですが、Amazon Echo Dot など他のスマートスピーカーを使っても同様に実践可能です。

41

成長振り返り作文に
デジタルを取り入れよう

🔴 DX でこんな実践が！

1年間の成長を振り返るために、作文を書くことがあります。さまざまな学習で作成した動画やスライドなどのデータやリンクを取り入れることで、今までにない振り返りの作文ができます。

「Google ドキュメント」で
振り返り作文を書く

🔴 進め方

①1年間の成長振り返り作文を「Google ドキュメント」で書きます。
②必要なデータをドキュメントに挿入したり、それらのリンクを貼り付けたりします。

🔴 活動の実際＆エピソード

6年生のAは、5年生と合同で取り組んだ運動会の「南中ソーラン」を中心に作文を書くことにしました。5年生と一緒に小グループで見合ったことを書こうと思ったとき、Bと一緒に当時の動画を見ていました。彼は当時けがをしていて、欠席した友達のために練習の様子を動画に撮影していました。AはBに動画を作文に使いたいとお願いしました。すぐにBは動画を一緒に使えるようにしました。Aは動画のことについて詳しく伝える文章を考えて、学習を続けました。

CとDは教師が撮影した運動会の「どっちにスタートかな？（徒競走の1つ。走者に背を向けたスターターが校庭の回り方を決めるもの）」を見ていました。Cは自分の予想と全く違い頭を抱えてスタートした様子が映っていて、2人で大笑いしていました。Cは「ここは動画ではなくあえて、画像を取り入れたいと、頭を抱えた瞬間をスクリーンショットして、作文に付け加えました。Dもそのアイディアを参考にしたいとなり、文章

を書き始めました。

　Ｅは１人１台端末をたくさんの学習で積極的に使用してスキルが上がったことを書くことに決めました。特に社会で作った織田信長についてのスライドがお気に入りです。ほかにもデータはたくさんありましたが、ドライブ内を検索し、すぐにデータが出てきました。スライドへのリンクを作文に取り入れて、みんなが簡単に見られるようにしました。アニメーションで視覚的にわかりやすく説明することができたこと、中学生や大人になってもこの技術を生かしていきたいと書きました。

　後日みんなで読み合う時間、その作文とスライドを見たＦはＥに、「Ｅさんの作文はとてもよかったよ。あの日は欠席してスライドの発表会を聞くことができなかったから、あのアニメーションをどうやって作ったのか教えてね」と話しかけました。ＥはＦに授業が終わった後、アニメーションの作り方を自信満々に伝えていました。

●● DX ポイント！

　「文章、スライド、写真、動画などさまざまなデータやリンクを簡単に取り入れることができる」、「多くのデータをすぐに引き出せる」ことがポイントです。振り返り作文に今までにないほど幅が出てきます。クラウド上のデータであれば、物理的な制限がないためたくさん保存でき、さらに検索機能で簡単に引き出すことができます。データの共有ができるため、「自分は持っていないが自分に関連するデータ」も簡単に取り入れて文章を書くことができます。

●● デジタルツール・ワンポイントアドバイス

　Google のサービスを使用しているのであれば、「共有」をクリックすれば、簡単に URL をコピーすることができます。公開範囲が初期設定のままでは、友達のデータが見られないことがあります。「○○教育委員会」や「リンクを知っている全員」など公開範囲の変更を自治体のルールのもと行ってください。　　　　　　　　　　　　　　（久保木靖）

特活・その他

42
会社活動のホームページを作って常時活動を進めよう

🔵 DXでこんな実践が！

　会社活動（学級生活を豊かにする係活動）で、子どもたちが自分の所属する会社のホームページ（以下、会社サイト）を作成・運用します。メンバー紹介、活動記録、お知らせ等をクラウド上で見合うことができます。さらに、活動によっては、活動そのものをクラウド上で行うことができます。

会社活動のホームページ

🔵 進め方

①会社活動用のサイトを「Googleサイト」で作成します。

②トップページに学級のすべての会社のアイコンを作ります。

③例となるページを作成し、子どもたちに提示します。

④作成を希望する会社の子どもに編集用のURLを教えます。

⑤子どもたちが自分の会社のページを編集・運用していきます。

🔵 活動の実際＆エピソード

T「クラスの会社活動のホームページを作ってみました。見せましょう」

A「すごい。全部の会社のアイコンが並んでる」

B「あ！先生の会社のアイコンだ。クリックするとページに飛ぶんだ」

C「この前のギターコンサートの写真だ。次のお知らせもあるよ」

D「先生、僕たちもやってみたいです」

T「興味がある人は、休み時間に来て下さい。やり方を教えます」

　集まってきた子どもに、編集用のURLを伝え、写真の貼り方、文字の打ち方、公開の仕方を教えます。子どもたちは休み時間等に、試行錯誤しながらやり方を自然と習得していきます。会社同士で教え合う姿も見られます。教師は時折サイトを開き、言葉や写真の選び方、不具合のチェック

などをしながら、子どもの創作意欲が高まるような声掛けをします。

T「最近、会社サイトが盛り上がっていて、見ていて楽しいです。イベント会社がやっているフォームを使ったアンケート、集計が簡単でいいですね。お互いのよい取り組みをどんどん真似していくといいね」

A「ねえ、今度のクイズ大会のエントリーさ、フォームでやってみない？」

B「いいね。あと、今度の給料日に向けて、これまでどんなイベントをやってきたか見られるようにしようよ」

C「今日のマジックショーだけど、動画で撮って会社のページに貼り付ければ、その時間に来られない人も見られるよね」

D「なるほど！面白かったマジックとか、感想をもらえたらうれしいよね。感想シートをスプレッドシートで作ってみるよ」

● DX ポイント！

会社活動が時間と場所の制約から解放される

　同じ時間に２つの会社がイベントを行い、参加者が分散して活動が成立しないといったことがあります。また、高学年になると、休み時間に委員会の集まりがあったりして、なかなか活動に参加できないことがあります。会社サイトに会社活動のページが集約されていると、子どもたちは自分の都合のよいタイミングでチェックしたり、活動に参加したりすることができます。イベント等を主催する側も、参加する側も、時間と場所の制約から解放されることで、活動の密度が濃くなり、会社活動が、よりよい学級集団を育てる「望ましい集団活動」になっていきます。

● デジタルツール・ワンポイントアドバイス

　トップページを教師が作成することで、サイトの大枠が定まり、子どもが編集できる範囲がわかりやすくなるので、間違いやトラブルを未然に防止することができます。共有設定は、"下書き"、"公開済みサイト"ともに、「○○委員会」を選択することで、サイトの利用をイントラネット内に限定でき、安全性が担保されます。

（中嶋卓朗）

43
アジャイルな係活動をクラウドと
＃（ハッシュタグ）で実現しよう

👄 DXでこんな実践が！

　これまでの係活動では、朝や帰りの会や掲示板上での「一度限り」の情報発信が主な活動でした。短縮時程などのイレギュラーな日は特に、時間や場所を確保することが難しいことが要因となって、次第に活動が停滞していく傾向がありました。「クラウド」を活用する新時代の係活動の提案です。

クラウド上に作品を
アップする子どもたち

👄 進め方

①係活動で、学級の共有ドライブや「Google Classroom」のストリーム（掲示板）を利用します。

②「＃○○係　＃☆☆☆☆☆☆」のようにタイトルやデータに＃（ハッシュタグ）を付けて名前を付けます。

③気になる投稿には肯定的なコメントをします。

👄 活動の実際＆エピソード

A「おはよう。マンガ係の10話までのリマスター版、読んだよ」

B「Aさん、今回もコメントありがとね！」

C「私は1話から一気読みしよっと。えっと、共有ドライブの虫眼鏡のところに＃マンガ係と。おっ、出た出た！」

A「えっ！？『scratch』でアニメ版の新作を昼休みに公開するの！？」

B「力作なんで、みんなコメントよろしくね」

A「私たちの係も、編集したドラマ、明日公開しよう！」

　その日の昼休み、Bさんたちのマンガ係は「scratch」で作成したアニメーションの新作を公開しました。楽しみにしていた子たちがストリーム上にコメントをしています。ドラマ係のAさんたちは、その姿を

横目に、自分たちで撮影した動画の編集作業に熱が入ります。

Ａ「ドラマの最新話ですが、今、公開しました！」

Ｂ「Ａさんすごい！……あれ、ちょっとつながりが変だよ、ここ」

Ａ「一旦公開停止します。修正版を、放課後に再アップします！」

　ほかにも係活動に取り組んでいる子が教室にはいますが、外遊び、読書、行事の準備など、それぞれが思い思いに過ごしています。短縮時程の日（職員会議）だったこともありますが、朝や帰りに「Classroom を見る」ということが定着しており、この日の帰りの会の中での係活動の発表やお知らせはありません。下校までとてもスムーズです。

　その後、「＃ドラマ係」の投稿や共有ドライブ上のデータは、20件を超える肯定的なコメントで盛り上がりました。Ｂさんからのコメントも受け取ったドラマ係は、次の日、また新作を発表したのです。

● DX ポイント！

　係活動を「クラウド」を活用して行うことで、子どもたちのタイミング（時と場）で発信や受信が可能です。つまり、「アジャイル（俊敏）」な運営を、子どもたち自身が小集団で実践するのです。これまで想像もしなかった係活動が、次々と誕生していくことでしょう。停滞している暇がありません。クラウドを活用した係活動が新しい時代の『アジャイル型学級経営』を実現します。

● デジタルツール・ワンポイントアドバイス

　「＃○○係　＃☆☆☆☆☆」のようなデータ名を付けることをルールとします。学級の共有ドライブに放り込んだデータをフォルダ分けする必要がありません。虫眼鏡アイコンに係名を入力して検索すれば、係が作成したコンテンツを一覧することが可能です。＃（ハッシュタグ）がなくてもドライブ内での検索は可能です。＃を付けることで、意図的に情報を発信・受信する意識が育ちます。プライベートやビジネスにおいて、＃を使いこなすスキルとマインドは頼もしい武器になります。（鈴木優太）

特活・その他

44

プログラミングで係活動を盛りあげよう

🎵 DX でこんな実践が！ ・・・・・・・・・・・・

「Springin'」の画面

　学級の生活を楽しく豊かにするための係活動。学級には子どもたちのアイディアでさまざまな係があります。その活動にプログラミングを活用することで、活動内容がさらに広がるきっかけになります。

🎵 進め方 ・・・・・・・・・・・・・・・・・・・

①各係でどんなことをしたいかを話し合います。
②活動内容に合わせて作品をプログラミングします。

【アイディア例】

　誕生日係：デジタル寄せ書きづくり（声などを取り込んだデジタル寄せ書きを作る）

　クイズ係：クイズアプリづくり（自動でクイズの問題や正誤判定、解説が表示されるクイズを作成する）

　生き物係：デジタル生き物図鑑づくり（飼育している生き物について写真などを使ってまとめる）

③大型モニターに映したり、QR コードで作品を共有したりして、それぞれの係で発表します。

🎵 活動の実際＆エピソード ・・・・・・・・・・・・・・・・・・

　もうすぐEさんの誕生日です。それに向けて、誕生日係は寄せ書きのプレゼントを作成しています。

A「このお花をタッチすると『おめでとう』とか声が出るようにしようよ！」
B「いいね。Eさんの似顔絵も書こうか」

　アイディアがどんどん出ているようです。それぞれの担当ページを決め、作成に取り掛かっています。

C「係メンバー以外からもメッセージを集めようよ、コメントをもらえるように学級の『Google Classroom』に投稿しておくね」

A「ありがとう。よろしくね」

B「じゃあ、コメントが集まってきたら、みんなのページを合体させておくね！」

　それぞれが作成したページを合わせて1つの作品にまとめていきます。そして、Eさんの誕生日当日。

A「Eさん、お誕生日おめでとう！！みんなからのプレゼントです」

　EさんにQRコードを読み取ってもらいます。

E「『Springin'』のカメラをかざして……わあ！！みんなありがとう！」

● DXポイント！

　プログラミングを係活動に生かすことで、表現の幅が一気に広がり、活動に生かすことができます。今までにはなかったような、動きや音を生かした作品などを通して学級をよりよくする経験をすることで、日常生活にプログラミングを生かすという感覚を持つことができます。また、係や学級のメンバーが一度に集まらなくても活動を進めることができ、時間や場所の制限がなくなります。

● デジタルツール・ワンポイントアドバイス

　本実践では「Springin' Classroom」を使用しています。（「Springin'」については34〜35頁参照）画像や音の取り込み、イラストや文字を書き込むこと、動きをつけることなどが簡単にでき、かつQRコードの発行まで1つのアプリ内で完結するので、「Springin'」は子どもたちにとってもアイディアを形にしやすいツールの1つです。「ボックス」という機能を使うことで、それぞれがプログラミングした作品を取り込み、1つの作品にまとめることが可能です。寄せ書きの作例をQRコードで紹介します。

（薄玲那）

45
児童総会はアンケート機能を使って活性化しよう

DXでこんな実践が！

　皆さんの学校で児童総会は行われていますか。私の勤務する学校では、これまで十数ページにわたる議案書をすべて印刷し、4年生以上の子どもと先生方に配付して行っていました。

　また、各学級から出される質問や意見も、それぞれ質問・意見カードという紙に書いて児童会執行部に提出し、執行部はさらに各委員会にそれらを振り分けて返答を考えていました。

　この議案書をPDFデータにして子どもに送り、質問や意見もアンケート機能で集約することで、印刷して配付する時間や振り分けたり、集約したりする時間が短縮され、話し合う時間をこれまでよりも確保することができます。

ロイロノート使用前	ロイロノート使用後
1　各委員会で年間計画を話し合い、指定された用紙に記入する。	
2　児童会担当が各委員会で記入した年間計画（議案書）を4〜6年生児童、教員分を印刷する。	2　議案書をPDFデータにしてロイロノートの資料箱へ入れる。児童会執行部は質問、意見、理由等を打ち込むアンケートを作る。
3　議案書を元に各学級で質問、意見の話し合いをする。	
4　出された質問、意見は質問・意見カードに1つひとつ記入する。	4　児童一人ひとりが議案書のPDFデータを見ながら話し合いを進める。
5　児童会担当は、各学級から出された質問・意見カードを委員会ごとに分ける。	各学級では2のアンケートに質問、意見や反省等を打ち込む。
6　各委員会で、質問・意見カードへの答弁を考える。	5　児童会執行部や各委員会では、アンケートに打ち込まれた内容を見て、質問、意見に対する返答を考える。
児童総会当日は、アンケートに打ち込まれた内容や議案書をプロジェクター等で映しながら話し合いを進める。	

進め方

（詳しくは右図のとおり）

活動の実際＆エピソード

　児童総会に向けて、児童会執行部の子どもたちがどのような質問や意見が出されているかを見ています。各学級で打ち込んだアンケートには児童会執行部の提案に賛成か反対かが書いてあります。子どもたちはそのアンケートを見ながら話し合っています。

A「どの学級からも執行部の提案に賛成と書いているね」

　アンケートを見ると、執行部への改善意見が出されていました。

A「ねえねえ、執行部に、全校朝会でもっとほかの委員会の発表を増やしてほしいと書かれているよ。これ、児童総会で答えたほうがいいんじゃない？」

B「そうだよね。みんなどう思う？」

C「今まで委員会の発表をする機会があまりなかったから、できる委員会ではやっていったほうがいいんじゃない？」

　話合いの結果、児童会執行部では児童総会で「児童朝会で各月の委員会の発表をより充実させていくよう、各委員会に呼びかけていく」と答えることでまとまりました。

● DXポイント！

①話合い活動の時間を確保することができる

　議案書を印刷するまでの時間や質問意見カードを振り分ける時間を削減できるため、話し合う時間をこれまで以上に確保することができます。

②意見を言うことが難しい子への支援ができる

　全体の前では話すことが苦手な子もアンケートへの打ち込みにすることで意見を言うことへのハードルを下げることができます。

● デジタルツール・ワンポイントアドバイス

　アンケートの中に賛成、反対を打ち込む欄を作ることで、アンケート機能についている棒グラフで賛成、反対の人数を示すことができます。質問項目を工夫することで、視覚にも訴えることができます。「ロイロノート」でアンケートを作る方法はQRコードをご覧ください。

（菊池真人）

46
児童会代表委員会を子どもの手で進めよう

🔵 DX でこんな実践が！

　これまでの代表委員会は、代表委員会に参加した一部の子だけに情報が集まりがちでした。この実践例では、議案募集から取り組み後までの記録を残し共有するので、情報格差を改善することが期待できます。

「Google スプレッドシート」の画面

🔵 進め方

①今月の議題を確かめます。

②クラスで話し合います。

③話し合ったことを「Google スプレッドシート」にアップします。

④代表委員会で話し合います。

⑤代表委員会で話し合ったことを記録担当者が「Google スプレッドシート（内容によっては写真や動画の場合もある）で共有します。

⑥決まったことを報告し、各クラスで取り組みます。

⑦取り組みを共有します（活動写真や動画、感想）。

⑧次につなげます（次の議案説明会では、⑦を取り上げてから進めます）。

🔵 活動の実際＆エピソード

　6年生のクラス（クラスで取り組んだ後の振り返り）

A「2週間取り組みました。各グループで振り返りをしてください」

B「ここ（記録写真①を掲示）でのよさは何だったのでしょうか」

C「自分たちが選んだもので、楽しく取り組めた気がします」

D「私もそう思います。Aさん、あのグラフを出してください」

A「はい、こちらです」（けがの人数のグラフを提示）

D「私は、保健室に来るけがの人数を調べました。2週間前に比べてあ

まり変わらなかったので、けがが減ったかどうかはわかりません」

C「けがをする人が増えてないなら、いいような気もしますよね」

A「今回の取り組みは、まずは、廊下を安全に過ごすという意識を持つことでした。その点についてはどうでしょうか」

D「そのことについては、全員に聞いてみたわけではないからわからないけれど、いつもより走っていた人は少ないような気がします」

E「それは、私も思います。１年生と一緒に過ごすことが多いけれどぶつかりそうになることは前より減りました」

B「別の日の写真です。（記録写真②）この写真ではどうですか」

E「あ。いつもの人数よりは少ない気がします」

C「そうそう。こんな感じでした」

A「どういうところがですか。もう少し詳しく教えてください」

C「この場所は３、４年生が通る場所なので混雑しているのですが、人がシールを境に右と左に分かれています」（略）

A「次回の代表委員会で、今日出た意見を伝えておきます。記録写真は、１枚目の写真を提出するということでよいですか」

E「わかりやすいものは１枚目だけれど、２枚目のほうが数の違いがわかってみんなが納得しそうですよね」

● DXポイント！

・すべての行程が可視化され、クラス（経験度や温度差）に左右されず、子どもたちはイメージをもちやすくなります。

・取り組みが共有されることで、自分たちが話し合ったことが学校をつくっていくこと、誰かの役に立つということを実感しやすくなります。また、毎年記録していったものは、学校の財産となります。

● デジタルツール・ワンポイントアドバイス

Classroom は、管理者を共同にしておくと複数で編集ができます。

（本田明菜）

47

「非同期」の児童会で
時間にとらわれない話合いをしよう

🔵 DX でこんな実践が！・・・・・・・・・・

　学校における話合いは時間が決まっていて、どうしても「時間が足りなかった！」となってしまうことがあります。話合いまでの準備にも時間が掛かります。「Google Classroom」内で話合いを事前に進めれば、それらの課題の解決につながります。

「Google Classroom」に自分のペースで投稿する

🔵 進め方・・・・・・・・・・・・・・・・・・・・・・・・・・・・・・・

①児童会用の Classroom を作成します。

②子どもたち同士の議題や企画などの投稿に対してお互いコメントをしたり、新たな投稿をしたりします。場合に応じて、アンケートやデータの投稿をしてもよいと伝えます。

🔵 活動の実際＆エピソード・・・・・・・・・・・・・・・・・・・・

　児童会が中心に進める、地域の方やボランティアの方への感謝の会の準備でのことです。児童会のメンバーが Classroom を使い、感謝の会の内容についての話合いに向けて、事前の準備をしています。

　６年生のＡさんは感謝の会で、参加者と一緒に何かしたいと考えていました。感染症対策で各教室に分かれ、オンラインでの参加のため、クイズならできると考え、何かアイディアがないかほかのメンバーに尋ねようと思いました。

　Ａさんは朝の時間「アイディアを募集します。」と投稿しました。それを休み時間に見た同じ児童会の５年生のＢさんはこのクイズの企画は面白そうと考えて、『私たちの考える〇〇小のいいところは？』という内容をクイズにしようとしました。

でも、いいところって何だろうと具体的なイメージが思いつきません。Bさんがアンケートフォームを投稿し、みんなに「○○小のいいところ」を尋ねました。その投稿を見た6年生のCさんとDさんは「仲がいいところ」「校庭がとても広い」と回答しました。Bさんは話合いでこの意見を伝えようと思いました。Cさんは回答している中で、さらにほかのクイズを出したいと思いました。「参加者は何人でしょうか」という問題はどうか、みんなに聞きたいと昼休みに投稿しました。

それを帰宅してから見た5年生のEさんは、Cさんのアイディアが面白そうだと「賛成です！」と、その投稿にコメントしました。

その後も児童会のメンバーで休み時間や放課後を使ってClassroom内の話合いに参加しました。どんどん、意見が集まり、それに対するコメントも活発に交わされました。

後日行った児童会の対面での話合いでは、アンケート結果や投稿、コメントをもとに進めました。事前に話合いが進められていたため、時間に余裕を持って取り組むことができました。

● DXポイント！

「非同期の話合い」（時間をずらした話合い）のよさは、誰かに取り組みの時間を縛られず、自分のペースで話合いや検討を進めることができるという点です。その場にいなくても、その時間に見ていなくても、いつでもどこでも確認できることで、時間をかけたい話合いに集中することができます。時間をずらした話合いの経験は今後の仕事などでも役立つことでしょう。

● デジタルツール・ワンポイントアドバイス

投稿に対する通知が学校や自治体などにより、届かないことがあります。実践をする初期段階では、「1日3回は児童会のClassroomを見ましょう」と確認の時間を示してあげると確認漏れが減ります。また、こちらの実践はチャット機能を使っても可能です。各勤務地の実態に合わせて、使用可能なアプリを選んで行いましょう。 （久保木靖）

48
委員会活動の様子を動画で紹介し合おう

🔵🔵 DX でこんな実践が！ ••••••••••••••••••••••••••••••••

　コロナ禍の中、体育館に全校が集まって集会をすることはできませんでした。委員会活動の活動内容を紹介する集会も予定されていましたが実施できません。そこで、考えたのが紹介を動画にして各クラスで見てもらう、という方法です。このやり方であれば、実際の活動の様子を見せることもできます。タブレット端末と動画編集アプリを使えば簡単に動画を作れます。子どもたちのアイディアや自主的な活動を促すこともできます。ここでは、iPad で撮影した動画を「iMovie」で編集する、という設定で説明します。

🔵🔵 進め方 ••

①どんな内容を紹介するか、動画のどんな効果を使うかを相談します。
②計画に合わせて動画を撮影します。
③係の子どもが編集作業を行います。
④各クラスで見てもらいます。

🔵🔵 活動の実際＆エピソード ••••••••••••••••••••••••••••••

　勤務校での例です。私が担当しているのは計画委員会。学校によって名称は違うと思われますが、児童会行事の企画運営などを行う委員会です。活動計画発表会の動画をどうするか相談しています。「iMovie」にはいろいろなテンプレートがあり、それをタブレット端末で見ながらどういう効果を取り入れるか考えています。子どもたちは「ストーリーボード」というテンプレートを見て

います。

「この予告編ってテンプレート、おもしろい」「え、どれ？」「あ、確かに。ハリウッド映画の予告編みたい」「じゃ、これにしよう」。

スペクタクル系のテンプレートを選びました。次は、内容です。

「代表委員会の様子を撮影して入れればいいかな」「やっぱり、山小レンジャーも入れたいよね」

次は、撮った写真や動画をテンプレートに貼り付けて、テロップを入力していきます。こうやって、動画が完成しました。

さあ、そして発表当日です。クラスの電子黒板にそれぞれの委員会の動画が映し出されます。各委員会とも凝った内容で、驚きや笑い声が教室に響き渡りました。

「あ〜運動委員会の動画、面白かった」「健康委員会って、いろいろ活動しているんだ」「ああいう（動画の）効果もあるんだね」。

動画の編集についての感想も聞かれました。

🎬 DXポイント！

言葉だけで説明するよりも、実際の様子を映すことでより活動内容がわかりやすくなります。また、編集の効果で見る意欲も高まります。

🎬 デジタルツール・ワンポイントアドバイス

事前に6年生の子どもたちが「iMovie」の操作を学んで、動画編集の経験をさせておくことが必要です。

（佐々木潤）

49

音声入力機能を使って
正確な英語絵本読み聞かせ動画を作ろう

🔊 DXでこんな実践が！‥‥

　英語に興味を持つ子どもたちで構成された「英語絵本読み聞かせクラブ」では、全校児童に向けておすすめ英語絵本の読み聞かせ動画を作成します。読み聞かせ練習には「ドキュメント音声入力」機能を使うことで、正確な発音を心掛けます。動画作成には「ロイロノート」を使います。

音声入力機能で英語絵本の読み聞かせ動画を作成

🔊 進め方‥‥‥‥‥‥‥‥‥‥‥‥‥‥‥‥‥‥‥‥

①連絡ツールとして専用の「Google Classroom」を開設します。

②子どもは、割り振られた絵本の担当ページの読み聞かせを「ドキュメント音声入力」を使って練習します（発音が正しければ、絵本に書いてある英文と同じ文が画面にタイプされていきます）。

③教師は「ロイロノート」内に授業フォルダを開設し、英語絵本の各ページ画像を載せてスライドを作成します。子どもが担当ページの読み聞かせをそのスライド上に録音をすることで動画は完成します。

🔊 活動の実際＆エピソード‥‥‥‥‥‥‥‥‥‥‥‥

　Classroom上でのやりとりです。

Ａ「同じフレーズが何回も出てきますがうまく読めません。それに本当に読み方が合っているのか不安です」

ＡＬＴ「私のお手本音声をClassroomにアップしました。繰り返し聞いてみてください。次に皆さんの小学校に行くのは水曜日です」

JTE「ドキュメントのツールにある『音声入力』機能を使うと、皆さんが読んだ通りに英文が画面にタイピングされていきます。マイクに向かって読んでみましょう。正しく変換されますか？」

B「それはすごいですね」

C「なるほど。やってみます」

● DXポイント！ ∙∙∙∙∙∙∙∙∙∙∙∙∙∙∙∙∙∙∙∙∙∙∙∙∙∙∙∙∙∙∙∙

これまで英文を声に出して正しく読むことを目指すとき、その練習方法は、JTE（日本人英語指導者）やALT（外国語指導助手）の読みの後に続いて読むことや、ペアやグループになって交代で読み合うことを繰り返し、自信がついたら、自分の読み方が正しいかどうかJTEやALTに確認をしてもらったり、読みの手本と聞き比べて自分の耳で確認をすることが多かったのではないでしょうか。

しかし、「Googleドキュメント」の「音声入力」機能を使うことによって、声に出して読んだそばから自分の読み方が正しいかどうかを確認することができます。さらに、「Google Classroom」を使うことで、顔を合わせなくとも、時と場所を選ばず好きなときにメンバーやJTE、そして他校所属のALTともやりとりをして簡単にアドバイスを求めたり、感想を伝え合ったりすることができるようになります。さらに作成した動画を校内で共有することで、全校児童が好きなときに読み聞かせを聞くことができるようになりました。読み聞かせの感想をもらうことが子どもの意欲向上につながっています。

● デジタルツール・ワンポイントアドバイス ∙∙∙∙∙∙∙∙∙∙∙

「Googleドキュメント」の音声入力機能は、多言語から入力したい言語を選べます。英語は、選択肢が多く、オーストラリアから南アフリカ、アメリカ合衆国まで多くの国の英語が選べますので、英語の訛りがあまり強くない国を選ぶことをおすすめします。

（國井あつ子）

50
オンライン集会で全校参加を実現しよう

🔵 DX でこんな実践が！

　コロナ禍の中、体育館に全校が集まって集会をすることはできません
でした。1年生を迎える会も、6年生を送る会もほとんどの学校では会
自体を中止していたところが多かったようです。参加学年を制限して行
えた学校もあったそうですが、全校での参加は実現できませんでした。
しかし、オンラインミーティングの機能を使えば、全校が参加すること
が可能です。ICT端末とミーティング機能、大きく映せるデバイスが
あれば教室にいながら会の様子を見ることができます。ここでは、
「Google meet」と電子黒板を使うという設定で説明します。

🔵 進め方

①職員の「Google Classroom」を作成します。
②集会の会場から、Classroom の meet を使い、オンラインミーティン
　グのルームを開きます。ICT端末のカメラで会の様子を撮影します。
③各教室で担任が職員の Classroom からオンラインミーティングの
　ルームに入り、電子黒板で映します。

🔵 活動の実際＆エピソード

　勤務校での例です。
　一昨年、昨年と1年生を迎える会は、1年生と6年生のみが参加し、
体育館で行っていました。2〜5年生はその時間は普通に授業をしてい
ます。せっかく6年生が準備を重ねた会の様子も、かわいい1年生が
揃った姿も見ることができません。そこで提案されたのが meet を使っ
てライブ配信しようというもの。会の様子を教務主任が撮影して、各教
室で電子黒板に映ったそれを見る、というやり方です。
　各教室にいる子どもたちはワクワクしながら待っています。

集会を教室で見る子どもたち

「早く始まらないかなぁ」

「あ、始まった！」

画面が映ると大はしゃぎです。

画面の中から司会の6年生が「次は3年生の皆さん、プレゼントを渡しに来てください」とアナウンス。

今回の集会では密を避けるために時間差で各学年がプレゼントを渡しに行きます。「僕たちも映るのかな！」と、映ること自体も楽しみになります。

●● DXポイント！

設定が簡単で短時間で行えることと、リアルタイムで行事を共有できることがポイントです。

●● デジタルツール・ワンポイントアドバイス

小規模校であれば、1人1人の端末と共有することができます。中規模以上だと先生たちで共有するのがわかりやすいです。　　　　（佐々木潤）

51

宿泊行事の様子を
リアルタイムでまとめよう

🫘 DXでこんな実践が！ ・・・

　宿泊学習のまとめ。学校に帰って
からメモを参考に書き始めることが
多いと思います。メモは残っていま
すが、旅行中独特の高揚感を味わい

「Googleサイト」の画面

ながらまとめることはできません。これをクラウドで行います。リアル
タイムでの更新が可能になり、友達同士の交流も生まれます。

🫘 進め方 ・・・・・・・・・・・・・・・・・・・・・・

①各自「Googleサイト」を開き、タイトルを入力し、一度公開します。
②スプレッドシートの「リンクを挿入」で学年全員の「Googleサイ
　ト」のURLを貼り、いつでも閲覧できるようにします。
③各自サイトのページを項目ごと（例：野口英世、白虎隊など）に追加し、
　事前・事中・事後に学習内容をまとめます。

🫘 活動の実際＆エピソード ・・・・・・・・・・・・・・

　修学旅行中の振り返りの時間にホ
テルの部屋で各自サイトを開き、布
団に寝っ転がりながら友達が更新し
たまとめを閲覧しているAくんがいました。

名前	サイト名	更新日時
A	会津旅行記	2022/06/18 14:19:21
B	GoTo会津	2022/06/18 18:19:05
C	会津が好きになりました	2022/06/18 19:19:47
D	修学旅行楽しみ	2022/06/17 11:19:35

A「あっBくんが19：05に更新している。見てみよう。YouTuberみた
いに見学先のガイド動画を載せている。Bくんらしいな〜（笑）僕はB
くんみたいにはできないけれど、赤べこを作ったから、スライドに写真
を貼って紹介と感想を書いてまとめてみようかな。あっ。あと、帽子を
体験先に忘れた小話も入れておこう〜。いい思い出だ」

　Aくんは友達の更新を見たことが刺激になり、自分のまとめを更新す

ることができました。また、修学旅行から帰宅した日、スライドに添付した写真や動画を見せながらお家の人にお土産話をする姿もありました。

　別の部屋で、その日にあったことを思い起こしている様子です。
Ｃ「私、見学先の動画を撮影したんだよね〜見てみて〜！」
Ｄ「どれどれ？わぁ！すごい！さざえ堂の中ってそんなふうになってただ！知らなかった。今度は私が体験で作った絵蝋燭（実物）、見てよ〜！これについてサイトに載せようと思っているんだけど、どうやって載せたらいいかな？」
Ｃ「Ｄさんと一緒に写っているほうがいいと思う！今撮ってあげるよ」
　帰校後、再びまとめをする際、Ｃさんはさざえ堂の動画を編集して使用し、Ｄさんは自分と一緒に写った絵蝋燭の写真を使用しました。

● DXポイント！

　「Googleサイト」のよさは、すべて完成していなくても随時更新・公開ができる点です。端末さえあれば、宿泊学習先でも場所に限らず更新・公開が可能です。青春の１ページをその場で作成できます。公開さえしてしまえば、子ども同士でリアルタイムで見合うことができます。しかも学年全員のものをです。参考にしたり感化されて刺激を受けたりということも起こります。もし宿泊学習先でまとめられなくても、帰校後まとめることもできます。時間に縛られずいつでも更新・公開が可能な点がポイントです。

● デジタルツール・ワンポイントアドバイス

　子どもは、サイトを更新する度「公開」ボタンを忘れずに押すようにします。閲覧ページをつねに最新の状態にするためです。また、「更新日時」も記載することで開く前に新しい内容になっているか確認することができます。「更新日時」のショートカットキーは「Ctrl+Alt+Shift+：」です。

（髙橋恵大）

52

卒業式は全校生で参加しよう

🔵 DX でこんな実践が！

　卒業式に「Google Meet」を使っ
てオンラインで参加します。今まで
は会場の広さや児童数によって参加
人数が限られていましたが、オンラ
インであればそれらの課題をクリア
でき、在校生も参加できます。

🔵 進め方

教室のテレビで配信を見ている子どもたち

①会場から「Google Meet」を使って配信します。
②在校生は各教室で配信を見ます（欠席児童にも配信します）。

🔵 活動の実際＆エピソード

【卒業生】

　卒業式の入退場や証書授与の動作などの練習を始める日、学年の担任
教師から卒業式を全在校生に配信することが発表されました。驚く様子
が見られましたが、後輩たちにどんな姿を見せたいか、緊張しないで自
分らしく式に参加するにはどうすればいいかを考えていました。そこか
らはほどよい緊張感がある練習に取り組むことができました。卒業生も
日に日に動きが堂々としたものになってきました。

　当日も成果が十分に表れ、厳かで温かい雰囲気を卒業生自身が作り出
していました。式の後のお見送りの時間となり、在校生からの祝福の声
に対して、式が終わった安心感と式への満足した表情で応えていました。

【在校生】

　１年生のクラスでは、近所で一緒に登校する卒業生のＡさんが、とて
も立派に式に臨む姿を見て、思わず「かっこいい」と声に出す子がいま

した。また3年生のクラスでは、いつもは面白いことを言って周りのみんなを笑わせている卒業生のBさんを見て、普段の姿とのギャップに驚く弟が誇らしげに画面を見つめます。4年生のクラスでは、Meet の共有機能を使って、欠席した子どもたちに卒業式の映像を配信しました。チャット機能に「かっこいいなぁ」とコメントしていました。

卒業式後、卒業生のお見送りの間の少しの時間を使って、今日の感想をみんなで共有していました。

「今日の卒業生のように真剣に私も卒業式を迎えたいです。」

「いつも楽しく笑わせてくる卒業生も今日は違いました。私も切り替えができる人になりたいです。」

「卒業がさみしくて泣いてしまいました。自分が卒業になったらどうなるのだろう。」

などたくさんの感想が出てきました。

そして、廊下に在校生が並んでお見送りの時間がやってきました。卒業生を見つめる在校生の姿から、真心こめて卒業を祝う気持ちが伝わってきました。

● DX ポイント！

在校生が「小学校生活のゴールイメージをリアルタイムで持つことができる」ことがポイントです。時間が経ってから写真や動画を見ても、気持ちは入りにくいものです。参加する代表学年、代表児童だけの経験に留めるのではなく、学校全体が卒業を祝う雰囲気の中、リアルタイムで見ることで、ゴールイメージをより強く持てます。

● デジタルツール・ワンポイントアドバイス

端末にカメラ機能がない場合は外付けのカメラがあるとよいでしょう。また、入学式も同様に行うことができます。入学式の新入生の姿を見て、年度はじめに自分自身の成長を感じるすてきな時間を過ごせます。

（久保木靖）

53 お礼状は友達の文章を 参照して作成しよう

🔵 DX でこんな実践が！

　社会科見学や出前授業の後、お礼状を書くことがあります。これまでお礼状を作成する際には、①下書きを書く。②先生が添削、修正をする。③ペンで清書をする。という流れが多かったように思います。しかし、どのようにお礼状を書いたらよいかそもそもわからない子、下書きや清書を書いている途中に間違えてしまい、心が折れて書くのをやめてしまう子が出ることもありました。「ロイロノート」を使えば、友達や先生の作ったお礼状をいつでも見ることができます。そして、友達の考えを生かしながらお礼状を作っていくことができるようになります。

🔵 進め方

①教師があらかじめお手本となるお礼状のカードを作り、子どもたちに送ります。その際、書くときのポイントを伝えること、友達のお礼状のカードはいつでも見てよいことを伝えます。

②子どもは打ち込みの終わったお礼状のカードを提出箱に提出します。

> 滝沢市さんさおどり保存会の方々へ
> 　先日はお忙しい中、おこしいただきありがとうございました。
> 　ぼくは、さんさおどりのことを知らなかったのですごく勉強になりました。
> 　滝沢さんさと盛岡さんさのちがいがあることが分かりました。
> 　来年の運動会では、教えていただいたことを胸にさんさをおどりたいと思います。
> 　本当にありがとうございました。
> 滝沢中央小学校　4年○組　菊池真人

> 　さんさ踊り保存会の皆さん
> 　今日は、お忙しいなかお越し頂きありがとうございました。
> 　私は、まだ知らなかった事を聞くことができて『そうなんだ』と思う事がいっぱいあっていい事を聞けたとおもいました。
> 　また、さんさ踊りを踊る時が来たら、さんさ踊りの意味を思い出して心を込めて踊りたいと思いました。
> 　本当にありがとうございました。
> 　4年○組　　○○ ○○

🔵 活動の実際＆エピソード

　（4年生社会科。出前授業が終わった後の学習で、お礼状を「ロイロノート」にまとめている）

　A君は先生のお礼状の例を見たのですが、うまく文章を考えることができません。隣のBさんがA君に話しかけました。

Ｂ「Ａ君さ。さっき先生も言っていたけれど、提出箱に誰か終わった人のがアップされているからさ、その文章を見ればいいよ」

（Ｂさんが Ａ君のタブレットに開かれている「ロイロノート」の提出箱をクリック）

Ｂ「ほら、Ｃ君、終わっているから見てみるといいよ」

Ａ「本当だ。俺、最初のところ、どう書いたらいいかわからなかったんだよね。Ｃ君も先生みたいに書いているから、そう書けばいいんだね。わかった」

　その後Ａ君は、Ｃ君や先生のを見ながら打ち込みだしました。

●● DX ポイント！

①子ども同士の交流が生まれること

　「ロイロノート」を使うことで、見たいときに何度でも友達のカードを見ることができます。その結果、お礼状に何を書いたらよいか迷ったら、教師や友達のお礼状を見ればよいという安心感が生まれます。その中で、自分のお礼状に友達のよいところを生かしていくことができます。ただのお礼状だけでなくヒントカードにもなり、学び合いを促進させるツールにもなります。

②修正が容易であること

　お礼状がデジタルになることにより、下書き→清書の流れがなくなり、修正が容易になります。その結果、修正することに抵抗を持つ子どもにとっても書き直すハードルが低くなります。

●● デジタルツール・ワンポイントアドバイス

　お礼状の作成に際しては、教師から「友達の作ったお礼状はいつでも見ることができるよ」「友達のよいところはどんどん取り入れよう」と声をかけると、子どもたちがより安心して友達のカードを見ることができます。なお、「ロイロノート」の詳しい使い方は右の QR コードを参考にしてください。

（菊池真人）

54
担任・子ども・保護者で学級通信を作っていこう

🔴 DXでこんな実践が！•••••••••

　学級通信を作成していて、学級の様子や教師の思いを一方的に伝えるだけになっていると感じたことがあります。そういった一方向的な学級通信を子どもや保護者も発信できる形にしたことで、学級通信の在り方が変わりました。

子どもも保護者も発信できる学級通信

🔴 進め方 •••••••••••••••••••••••••••

①学級通信で、子どもが考えた記事（文や写真）を掲載する枠を作ります（文章を考える子どもは有志か学級通信係などの係を作ります）。

②子どもが「Googleドキュメント」で作成した文章を担任が提案モードで添削します。

③印刷された学級通信にはQRコード（「Googleフォーム」のリンク）を貼り、保護者の感想や意見を表出できるようにします（プライバシーの観点から本名ではなく、ペンネームで紹介）。

🔴 活動の実際＆エピソード •••••••••••••••••••••••

　学級通信係は、どんな記事を学級通信に書くか話し合っています。

A「今週はどんな記事を書こうかなぁ」

B「それなら、前の総合のときに話し合ってたことなんてどうかなぁ」

C「それいいね。めっちゃ盛り上がったから、家族にも伝えたいね」

D「話し合っているところなら、この写真があるよ。どうかな」

　学級内の写真は、担任が撮ったものを「Googleドライブ」で共有しています。モラルやマナーを守ることを前提に、使用を許可しています。

　そういった話合いを経て学級通信係では、総合的な学習の時間で「宮城県の良さ」について話し合っている様子の記事を掲載しました。

子どもたちの原稿は「Google ドキュメント」で担任と共有しています。担任からのコメントや添削が来るのを楽しみに待っている様子でした。

すると、翌日にある保護者から投稿（感想）が送られてきました。

> 総合の活動の記事を読みました。地域のことを真剣に調べていることに感動しました。私の家では、○○○の養殖（育てる仕事）をやっています。もしよければ今度見学にきませんか。　　PN ○○○より

この投稿をきっかけに、クラス全員で養殖体験ができることになりました。学びが深まっただけでなく、自分たちで紹介した授業の様子の記事が新たな学習のきっかけになったことを実感して、学級通信係の子どもたちはますます記事づくりに意欲的になりました。

🫘 DX ポイント！ •

学級通信を教師が子どもの様子を一方的に紹介するツールから、教師と子ども、保護者とが一緒に作り上げるツールに変革します。それは、教師が主体となって作る学級から、教師・子ども・保護者が協力し合う全員参加型の学級という考えが根底にあります。この実践において、「Google フォーム」や「Google ドキュメント」は、保護者の意見をすぐに取り入れられたり、子どもたちが自分で学級通信を作ったりするなど、全員の参加意識を加速させることにつながっています。

🫘 デジタルツール・ワンポイントアドバイス • • • • • • • • •

担任が子どもの文章を添削するときには、「Google ドキュメント」の「提案モード」と「コメント」を使います。「提案モード」とは、添削した前の文章から、誰が、どのように添削したのかがわかる機能です。それに加えて、なぜ添削したのかを「コメント」で残すことで、文章を書いた子どもの学びにつながる添削ができます。　　　　　（清野弘平）

【参考文献】渡辺道治『BBQ型学級経営』東洋館出版社、2022年

55
補欠計画はチームでリアルタイムで共有しよう

●● DXでこんな実践が！ ●●●●●●●●●●●●●

担任が長期で自宅待機となった場合に、担任も含めた数名の職員で補欠チームを作ります。「Googleスプレッドシート」で補欠計画を共有し、担任からの要望も取り入れなが

補欠計画シート		朝	1	2	業間	3	4	給食	昼	5	6	放課後	担任から
月		学校生活アンケート	国語漢字5教11-13	音楽学習発表会練習		算数教20-21	理科てこの実験	給食		体育	委員会		国語と算数は可能であれば、入力したページまで進んでいただけるとありがたいです。
○月○日		佐藤	加藤	学年対応	佐藤	阿部	教務	教務	阿部	阿部	阿部		
	補欠者より	○мしっかりアンケートは全員終了。	Xが分散に座っていて集中。教の進度は予定変更許容までOK	一曲目は取り組み了。問題なし		X字、友達と校庭で鬼ごっこ。トラブル報告なし	ドリルは5.終わらない子は宿題	実験成功	残食なし	トラブルの報告なし	1頃と合同体育、体はくしゃみがあにサッカー。	トラブルの報告なし	本日もありがとうございました。Xが少し調子悪いことが多いです。行間に校庭で遊んでいたのであれば問題ないと思います。
火													
○月○日	補欠者より												

「Googleスプレッドシート」の画面

ら、チーム全員でクラスの指導に当たります。

●● 進め方 ●●●●●●●●●●●●●●●●●●●●

①補欠チーム全員が登録されているClassroomに、情報をやりとりする補欠計画シート（スプレッドシート）を作ります。

②担任が時間割と予定進度を補欠計画シートに入力します。

③補欠チームのメンバーは、指導に入れる時間の「補欠者より」の欄に自分の名前を入力します。

④補欠指導が終了したら、担任やチームメンバーに伝えたいことを「補欠者より」の欄に入力します。

⑤担任は「担任から」の欄で補欠者からのコメントに応えたり、要望を伝えたりします。

●● 活動の実際＆エピソード ●●●●●●●●●●●●

D先生が長期の自宅待機となったため、A、B、C　3名の先生で補欠チームを結成して補欠指導に当たることになりました。

A「D先生が、ここ1週間で進めてほしい内容を補欠計画シートに入力してくれました。補欠に入ったあと、実際の進度や子どもたちの様子など、

D先生に伝えたいこと、チームで共有したいことを入力してください」

　放課後、補欠計画シートを確認しながら、クラスの様子について話題になりました。出張に出たC先生もコメントを入力していったようです。

A「B先生、今日はX子が調子悪かったようですね」

B「はい。なかなか鉛筆を持てませんでした。声はかけたのですが、ドリルはほとんど手つかずです。ほかの子は予定通りの進度まで進みました」

A「B先生のコメントを見て、C先生がX子について書いてくれていますね。業間休みには友達と鬼ごっこをしていたようですね」

B「今、D先生からもコメントが入りました。『X子は朝に気持ちが乗らないときが多いので、業間休みに遊んでいたのであれば心配することはないと思います』と書いてありました。少し安心しました」

A「明日の1時目は私が補欠に入るので、X子をよく見てみますね」

● DXポイント！

①しのぐ補欠指導でなく、チームが担任に成り代わる補欠指導ができる
②担任は復帰後、シームレスに学級指導を再開できる

　チーム全員が、ほぼリアルタイムで情報を共有できるため、互いに相談したり、必要な準備を協力して行ったりなど、チームとして補欠指導に当たれます。担任復帰まで個人の頑張りで何とかしのぐ補欠指導ではなく、チームが正に担任に成り代わったかのような指導を行うことができると思います。また、管理職もシートを閲覧できるようにすれば、補欠状況の定常的な報告もシートへの入力で済みます。さらに、担任は自宅で補欠指導の様子を把握できるため、復帰後に進度を確認する必要もなく、補欠指導の流れに乗って学級指導を再開することができます。

● デジタルツール・ワンポイントアドバイス

　ネット上での情報共有になるので、個人が特定されない書き方をするなど配慮が必要です。教育委員会が発行しているGoogleワークスペース上での情報の扱い方についての文書を確認するとよいです。（中嶋卓朗）

56

複雑な特別支援学級の
子どものスケジュールを共有化しよう

🔊 DX でこんな実践が！

　特別支援学級は、基本的に、知的学級、情緒学級など支援を要する障害種ごとに所属学級が分れている異学年混合学級です。学級数と児童数が増えるにつれ、支援の仕方も多岐にわたります。支援を要する子どもが安全に学校生活を送り、円滑に通常学級との交流をするためには、子ども１人１

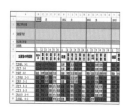

「Google スプレッドシート」の画面

人の綿密な時間割管理が不可欠です。子どもがその日、どのような１日を過ごすのか。子どもの時間割を「Google スプレッドシート」で作成し、特別支援学級の各担任や特別支援教育支援員、看護師など、多くのスタッフがいつどこにいても一目でわかるように一元管理をしています。

🔊 進め方

①「Google スプレッドシート」で特別支援学級在籍児童分の時間割を作成します。

②学習内容や支援体制ごとに色分けをします（例えば、子どもが所属学級で担任と学習をする時間は「赤」、通常学級で交流学習をする時間は「白」と「黄」、「白」は交流学級で子どもが１人で通常授業に参加する、「黄」は学習支援室の各担任の誰か、もしくは補助員が付き添い、授業の支援を受けながら授業に参加をするなど）。

③作成した「Google スプレッドシート」を各担任、特別支援教育支援員、看護師、管理職など関わる教師で「Google ドライブ」を介し共有します。

🔊 活動の実際＆エピソード

T1「児童数が増えてくると全体のスケジュール管理が大変です」

T2「そうですね。来週は、校外学習で人手が足りなくなりそう」

T3「では来週の外国語活動は全学級の児童が集まって授業をしますか？

だとしても誰かほかの先生に来てもらいたいですね。教務主任にお願いしてみましょうか」

T4「先生方、実は『Google スプレッドシート』で一元管理表を作ってみたのですが。Google クラウドで共有すればこうして集まって話しながら手書きをしていく手間が省けると思うのです」

🐟 DX ポイント！ ‥‥‥‥‥‥‥‥‥‥‥‥‥‥‥‥‥‥

　特別支援学級担任にとって所属児童のスケジュール管理は極めて大きな仕事です。また、1 学級の 1 担任だけがスケジュール管理ができていればよいわけではありません。複数の支援学級があって、さらに各所属児童分のそしてさらに交流学級分のスケジュール調整と管理が必要なのです。もちろん、管理の不備も許されません。子どもの命に関わることもあるからです。「Google スプレッドシート」でスケジュール一元管理表を作成し、Google クラウドで子どもに関わるすべての教師たちが共有できるようになったことで、支援学級の学級経営は大きく変わりました。毎日、時間割を作成し共有することにたくさんの時間と労力を費やしていたからです。これにより学校や家庭、どこにいてもインターネット環境さえあれば、Google クラウドを介して関わる教師すべてが子どもの時間割を把握し、変更があれば修正することもできます。

🐟 デジタルツール・ワンポイントアドバイス ‥‥‥‥‥‥

　「Google スプレッドシート」は、いわば Google 版のエクセル（Excel）です。一度、1 週間分の時間割をシートで作成してしまえばあとは、シートのタブを右クリックしてコピーを作成することで、簡単に次週分の時間割（管理表）を追加することができます。また、タブを増やして、各教師の出張などの予定を打ち込むと時間割にリンクされる予定表シートや各教師がその場で気になる点や引継ぎ事項などを打ち込めるシートを作成しておくと、翌日の予定を打合せで確認するときなどに教師や支援員が共通理解をしやすくなり大変便利です。

（國井あつ子）

57
授業の様子を個別に動画記録して
校内授業研究会で活用しよう

●● DX でこんな実践が！

　これまで校内授業研究会では、「挙手→発言→授業者が答える」1問1答形式のもの。ワークショップ型では付箋に自分の考えを書いたりするなどアナログベースのものが大半でした。これを「ロイロノート」の写真・動画撮影機能を使うことで、先生方の交流が促進され、ねらいに迫ることのできる研究会となります。

●● 進め方

①事前に研究授業の際には写真を撮影してもよいこと、研究会のときに「ロイロノート」を使用することを確認しておきます。また、研究会で話し合う視点を示し、視点に沿って授業を参観することを確認しておきます。

②参会者は研究授業中に、1人1台ずつのタブレットを持ち、自分の気になった場面を「ロイロノート」のカメラ機能で撮影します。

③参会者は研究会のときに、撮影した写真に自分の考えを打ち込んだテキストメモをつなげます。参会者は自分の考えを打ち込んだテキストと写真を指定された場所に送ります。

④司会者は送られてきたテキストや写真をもとに話合いを進めます。

●● 活動の実際＆エピソード

　研究会での話合いの柱はICTの活用についてです。参会者は研究会で最初に写真やテキストを司会者のページに送りました。一通り自分の考えをまとめたテキストや写真を送ったあと、話合いが始まりました。

司会者（Aの撮影した写真とテキストを見て）「A先生、『子どもたちがお互いの考えを聞いてしっかり打ち込んでいる。』と書かれていますが、どうしてこのようなことを書かれたのですか？」

A「子どもたちが自分たちの考えをお互いにタブレットに打ち込んでいる様子が見られていいなと思いました。これは話合いの柱である、ICTの活用についてが達成されている具体的な場面だと思ってこの写真を撮影したんです」

B（自分の撮影した写真を見せて）「A先生、それ私も同じように思いました。私もA先生がおっしゃったのと似たような写真を撮ったですが、私も話合いの柱であるICTの活用がされている場面だと思って撮影したのです」

司会者「A先生やB先生が同じ考えで同じような写真を撮影されたということは、話合いの柱であるICTの活用については達成されていたといえますね」（研究会は続く）

🐛 DXポイント！ ‥‥‥‥‥‥‥‥‥‥‥‥

①記録に基づいて議論ができる

　記録の事実に基づいて議論ができるため、口頭での空中戦の議論とならず、具体的な事実に基づいて話合いをすることができます。

②先生方の交流が促進される

　1枚の写真をもとにそれぞれの先生方の考えを交流することができるため、先生方の交流が促進されます。

🐛 デジタルツール・ワンポイントアドバイス ‥‥‥‥

　写真を撮影した際に、特に焦点化したいところに書き込むとより話合いを焦点化することができます。また、写真のみならず、動画を撮影して見せることも可能です。そして、資料箱に先生方が撮影した写真を入れておくと、あとでほかの先生方も写真を使うことができ、授業の様子をより鮮明に思い出す手立てともなります。「ロイロノート」の詳しい使い方は右のQRコードを参考にしてください。　　　　（菊池真人）

58

子どもとともに研究授業を作ろう

🔵 DX でこんな実践が！ ･･･････････････････････････

　研究授業では、提案、指導案作成、授業、協議会と職員をベースに考えていくことが多いです。この実践例では、この研究に子どもを巻き込んでいくこと、授業を受けての、子どもの声をもとに、協議会につなげていくことを目的としています。

🔵 進め方 ･･････････････････････････････････････

①研究授業の仮説をもとに子どもたちへの質問を提示しておきます。

　　（質問に対して5段階評価……1が最低、5が最高）

②授業後にアンケート（ミライシード「ムーブノート」[*1]）を入力します。

　入力後は「広場」を見て、共感する人に「拍手」を送ります。

③結果（子どもの座席と結果は同じ位置）をスクリーンに反映したうえで協議会を開始します。また、この結果は写真を撮り、職員用の Classroom に課題として配付します。

> A－3（子どもの座席番号）
>
> ①資料の出し方
>
> # 2
>
> 資料は、わざわざ3回に分けなくても、いいかなと思います。見るのにちょっと疲れました。部分と全体が見えた2回が僕には分かりやすいです。

「ムーブノート」での
アンケート結果例

④協議会のメンバーを小グループに分け、それぞれのグループでタブレットを使って話し合います。

　仮説に対しての手立てが有効だったのか、子どもたちのアンケート結果（③で配付した写真）を見ながら、気づいたことを画面に書き込んでいきます。

⑤全体での協議は、グループの画面を見せながら進めます。

🔵 活動の実際＆エピソード ･･････････････････････

T「これで授業を終わります。では、「ムーブノート」を開きます。今回の授業の振り返りを入力しましょう。今日の授業で『資料の出し方を

＊1　https://www.teacher.ne.jp/miraiseed/products/movenote/

工夫することで、より内容を理解する』ことをめざして行いました。今この黒板にも貼っているこの資料を、授業の最初の資料として３回に分けて出しましたよね。このやり方が、あなたにとってどうだったのかを教えてください。結果をもとにこの後、職員で話し合います」

A「資料をズームしていくのはこれまでにも出てきたけど、今回は３回に分けていて、右の部分、左の部分、最後が中心になるところがわかりやすかったなぁ。『知りたい』が増えた気もするし」

B「う～ん。私はちょっとわかりにくかったなぁ。だって資料は教科書に載っているし、あえて３回に分けなくてもいいのかな。でもただ教科書を見るよりは、『場所はどこだろう』とか『何があるんだろう』とか考えることは増えた気がする」

（子どもたちがアンケートを入力したあと、結果を協議会会場にて提示）

C「Dさんは『学習が理解できた』と書いていました。めざす姿に合ったキーワードも出てきています。私の見取りでは、手立てが有効だと思っていましたが、アンケートの結果や、友達とのやりとりを合わせて考えると、手立てというよりも、その後のグループ活動での話合いがよかったのかもしれません。ただ、全体を見ると評価が４や５が多いので多くの子どもたちにとってはこの手立ては有効だったと思います。授業者はどう思われますか」

●● DXポイント！ ・・・・・・・・・・・・・・・・・・・・・・・・・・

・研究授業を子どもの声をもとに作りあげていくことで、授業を作っていく側と参加していく側の相乗効果を期待できます。
・授業を受けた側とのズレを少なくすることが期待でき、より実態に基づいた議論を行うことができます。

●● デジタルツール・ワンポイントアドバイス ・・・・・・・・・・・

　座席番号を入力すると「広場」で並べ替えて、アンケートの結果と座席の場所をリンクさせることができます。 （本田明菜）

59
ハイブリッドな学校運営反省会で
少人数の意見を共有しよう

● DX でこんな実践が！ ‥‥‥‥‥‥

　職員全員で学期末等に行う学校運営反省会を、模造紙と「Google Jamboard」を併用し、小人数グループでのワークショップ形式で行います。事前にアンケートを採ることなく、その場で出し合った課題をもとに、全職員で取り組んでいく次のアクションを決定します。

学校運営反省会の場の様子

● 進め方 ‥‥‥‥‥‥‥‥‥‥‥‥‥‥‥‥

①各グループに、Jamboard を使用できる Chromebook 等を準備しておきます。

②学校グランドデザインにある学校目標と目指す児童の姿を、反省の観点として全体で確認します。【全体】

③目指す児童の姿に現在の児童の姿を照らして、よさと課題を付箋に書きます。よさは赤、課題は青。【個人】

④模造紙に貼りながらグループで共有します。【グループ】

⑤グループで話し合いながら、重要度の高い課題を絞り込んでいきます。【グループ】（例：「気持ちをうまく伝えられずにトラブルになる」）

⑥目指す児童の姿に近づくために、育てたい部分を「○○したい」の表現でまとめて、Jamboard にグループ毎に打ち込みます。【グループ】（例：「自分の思いや考えを

	思いやりのある子	心身ともにたくましい子	自ら学び自ら考える子
	◎安心・安全を守り育む教育の推進 ◎人と関わる力の育成 ◎読書活動の充実	◎基本的生活習慣の向上 ◎規範意識の醸成 ◎体力の向上	◎学習習慣の確立 ◎主体的・対話的な学びの実践 ◎指導の工夫　◎地域を生かした学び

模造紙の例

グループ	思いやりのある子	心身ともにたくましい子	自ら学び自ら考える子
A			
B			
C			
D			
まとめ 「〜したい」			

Jamboard の例 1

相手に伝えられるようにしたい」）

⑦ Jamboard が映し出された大型テレビを見ながらグループ内での話合いの概要を発表し、各グループの「○○したい」を全体で共有します。【全体】

⑧全体で話し合いながら、各グループの「○○したい」を全体の一文としてまとめます。（3つの児童の姿それぞれについて）【全体】

⑨まとめた「○○したい」についてどうやって叶えるのか、手段を黄色付箋に書き出します。③で書き出したよさを生かすことを意識します。【個人】

⑩④で使用した模造紙上に貼りながらグループで共有します。【グループ】

⑪グループで話し合いながら手立てを3つに分類（①今すぐ始められること②長いスパンで取り組んでいきたいこと③外部の協力が必要なこと）して、Jamboard に付箋を貼り付けていきます。グループ毎に付箋の色を変えるとわかりやすくなります。【グループ】

	思いやりのある子	心身ともにたくましい子	自ら学び自ら考える子	学校として取り組んでいくこと
1 今すぐ始められること（夏休み明けから）				
2 長いスパンで取り組んでいきたいこと				
3 家庭・PTAに協力をもらうこと				

Jamboard の例2

⑫グループ毎に発表し、全体で共有します。【全体】

⑬その中から、学校全体として実際に取り組んでいくものを話し合い、やると決まった付箋を右端「学校として取り組んでいくこと」に移動します。【全体】

🍬 活動の実際＆エピソード

【「進め方⑦～⑧」各グループの「○○したい」を全体で共有しまとめる場面】

　Jamboard でほかのグループの考えをはっきり把握できることで、参加者の話合いへの意識が高まります。結果、全体のまとめは、多くの参加者の思考から生み出されるものになっていきます。

A 「Jamboard が映っているとほかの考えがはっきりわかりますね」

B 「各グループで模造紙を掲げて説明していたときは、正直見えないから、せっかくのグループでの話合いが全体に伝わらなかったよね」

C「結局最後は、司会者がこれでいいですかというのに何となくうなずくしかないんだよね。打ち込んですぐ見られるのもスピード感があっていいですね」

Fa*1「それでは、各グループの『○○したい』に込められた思い、願いがわかりました。これを1つにまとめたいと思います。このキーワードは入れたいという言葉はありますか」 *1 Fa＝ファシリテーター

D「思いやりのある子についてですが、子どもたちにもっと積極的に人と関わってほしいという思いが皆さんに共通していると感じました」

E「同感です。まとめの一文は、友達に対して自分の思いを積極的に伝えられるようにしたい、ではどうでしょうか」

【「進め方⑬」これから取り組むことを決定する場面】

　Jamboard上で全グループの手立てを確認できるので、話合いが無駄なく進み、その場で主担当を決めるなど次の具体的な一歩まで到達することができます。

Fa「たくさんの手立てを出していただきました。この中から、私たち職員全員で取り組んでいくことを決めたいと思います」

A「心身ともにたくましい子についてですが、外部講師による体力づくりというのがいいと思います。プロのアスリートなど本物に触れることで子どもたちが感化されたという経験が私にもあります」

B「地域で自然体験教室を主宰している方をゲストで呼ぶというのも、コミュニティスクールの観点からもいいかもしれませんね」

Fa「では、心身ともにたくましい子について、外部講師による体力づくりの付箋を"学校として取り組んでいくこと"に移動してもよいですか」

　「これについて具体的な提案をしてくださる方はいらっしゃいますか」

　「ありがとうございます。それでは、体育主任と地域連携担当の先生に具体的な提案をしていただくことにします」

● DXポイント！••••••••••••••••••••••••

①少人数グループでの議論が活きる

少人数グループで模造紙を囲みワークショップ形式で話合いを行う際、グループでの話合いが盛り上がっても、全体で練り合う場面にうまく活かされず議論が深まらなかったという経験はないでしょうか。その要因の1つは、各グループでの話合いが全体にうまく共有されないことだと思います。そのようなケースでは、全体で導き出される結論は曖昧さの残る当たり障りのないものとなり、実現に向けた推進力も小さくなってしまいます。Jamboard の画面で、各グループの考えを一覧しながら全体でまとめていくことで、少人数での話合いが活かされ、次の段階で何を話し合うのかが明確になります。

②決定事項が日常業務で意識されるようになる

反省会で使用した Jamboard は Google ワークスペース上に残るので、それを見ればいつでも反省会の話合いを想起することができます。どのようなプロセスを経て反省会の結論が出されたのかを誰もが必要に応じて確認できるのです。それによって反省会は、時間とともにやがて忘れられてしまうものではなく、よりよい学校への道筋をはっきり示し続けるものになると考えています。

模造紙での話合いは、顔と顔をつき合わせ、手を動かしながら話し合うことで思考が活発化します。Jamboard を使えば、物理的な制約を超えて会場全体の考えの共有を簡単に実現できます。2つのよさを生かすことで、参加者全員の思いや願いが反映されやすくなり、全員がコミットできる「これからやっていくこと」を決められる学校運営反省会が見えてくるように思います。

● デジタルツール・ワンポイントアドバイス

実際に取り組んでいく手立てを話し合う場面では、必要な部分をズームして参加者全員に見えるようにします。会の終了後は、「フレームを画像で保存」する機能を使って、画像を閲覧対象にすると、誤操作によるデータの改変や喪失を防ぐことができます。

（中嶋卓朗）

60

「デジタル実習日誌」で
待ちを省き、実習生を皆で見守ろう

🫘 DX でこんな実践が！

　教員が必ず経験しているのが教育実習です。とある学校では、PC 持ち込み禁止のために日誌も指導案も手書きする指導が根強く行われているそうです。クラウド上で共同編集できる「デジタル実習日誌」で、実習のあり方を問い直します。

「デジタル実習日誌」の画面

🫘 進め方

①教育委員会に申請をすると実習生のアカウントが貸与されます。

②実習生は、「Google スプレッドシート」の実習日誌フォーマットに、各校に配当されている 1 人 1 台端末の予備機を使ってクラウド上で入力します。

🫘 活動の実際＆エピソード

　放課後、教育実習生には、示範授業を参観させてくださった教員との振り返りや管理職の講話があります。担当教員は、会議や出張や生徒指導対応が実習期間中も通常運行です。多忙な現場では、実習生と担当教員が顔を合わせる時間をなかなか持てないのが実情なのですが……。

担当教員「会議が終わったけれど、そうか、実習生も講話中か。共有ドライブを開いて、実習日誌はどれどれ、おっ入力してある！」

　「デジタル実習日誌」には、示範授業直後に実習生がメモのように打ち込んだ実習内容が入力されています。そこへ、示範授業を提供した教員がやって来ました。

教員「先生、来週の校外学習に向けたオンライン打合せを今からできな

いかとの電話です。実習日誌、私が今日の所見を書いておきますよ」

担当教員「ありがとうございます。教頭先生にも話しておきますね」

　講話を聞き終えた実習生が職員室に戻ってきましたが、担当教員とはすれ違いになってしまいました。

実習生「今のうちに実習日誌をまとめてしまおう。あれ？所見のところ、今日の示範授業の先生が！うんうん、そうだよなぁ。よし、実習内容を修正して、よし完成。教頭先生に見ていただこう」

　この日、実習生と担当教員が顔を合わせられたのは16時30分でした。退勤時刻まで30分間ですが、教頭先生はすでに日誌の中身を確認済みです。教室で次の日の模擬授業を2人で行い、退勤時刻の17時には実習生も担当教員も退勤しました。次の日、実習生は前日の示範授業の学びを生かした実践授業にいきいきとチャレンジしました。

●● DXポイント！

　教育実習生の実習時間は有限です。実習を担当する私たちの勤務時間も有限です。紙の実習日誌では、お互い「待ち」のために、実習生も担当教員も記入・閲覧できずに帰宅時刻が遅くなる、ということが当たり前のようにありました。これは、改められるべきです。実習日誌をクラウド上で共同編集できると、「待ち」がありません。入力も閲覧も、誰でも・いつでも・どこからでもできるからです。「デジタル実習日誌」を管理職や同僚にも共有し、担当任せの教育実習にせず、皆で見守れる環境を構築したいものです。多くの人の手で後進を育てていける温かな現場でこそ、教育実習は実り多き体験となります。

●● デジタルツール・ワンポイントアドバイス

　「デジタル実習日誌」を印刷して貼り付ければ大学への提出物として認めてもらえる大学もあります。自作のフォーマットのため、ダウンロードし修正して活用ください。大学関係者の方、ぜひ！

（鈴木優太）

第３章
座談会
学級経営DXの実践を通して考えたこと

2022年8月某日。本書執筆者11名がZoom上に集まり、本書の執筆を通して考えた「学級経営」と「DX」の関係を語り合いました。DXという言葉は少しずつ日常の中で聞かれるようになってきてはいますが、まだまだ一般的ではありません。ましてや、本来ビジネス用語です。数年前から「教育DX」という言葉が使われ出してはいますが、「学級経営DX（デジタルトランスフォーメーション）」と挑戦的に名づけて公に取り組んでみせたのは私たちだけでしょう（2022年8月現在）。それゆえ、執筆者同士でも戸惑いや揺れ、不安が見られます。「学級経営」とDXを結びつけた黎明期という位置づけのもと、執筆者の声を受け取ってもらえたらうれしく思います。

学級経営DX 実践に取り組んで感じたこと

阿部　改めて「学級経営DX」という視点で原稿を書いてみて、どんな感じでしたか。

菊池　最初に、阿部さんから「デジタル化のレベル」（第1章15頁参照）を示していただきましたが、当初は自分の中で全く分類ができませんでした。しかし、皆さんの原稿を読む中でDXのイメージを持つことができ、加えて、学級経営を組み合わせてDXにしていく手順を原稿を書いていく中で見つけていった感じでした。

鈴木　「DXポイント！」がこの本の目玉だと思います。僕は「DXポイント！」に力を入れてこの原稿を書きましたね。ほかの執筆メンバーと修正原稿を読むときにも「DXポイント！」をまず読んで、一体どこが従来の価値観がひっくり返るような素敵なことが起こる部分なのかを確かめました。読者の皆さんには「DXポイント！」をまず読んでほしいです。

清野　「変革」という意味を考えると普段の我々の生活でもっと変革したいところはいっぱいあって、それをデジタルにといいますか、デジタルよりもその下支えのところといいますか、自分の価値観を変えていくところがすごく面白かったです。

Zoom 座談会の様子

武田 私はこの原稿執筆は、苦労しながら絞り出したという感じでした。清野さんと結構、真逆のことになるのですが、絞り出すときに本棚をぼうっと見つめて、今まで自分がやってきたことや読んできたものをデジタルに置き換えたらどうなるのかなって考えたんですよね。全く新しいものを生み出すことだけがデジタルのよさではなくて、今までやられてきていたものでも、デジタルのよさを生かしてよりよくなっていくといったことが今回の原稿を書きながらすごく感じたところです。

阿部 武田さんの話を表面だけ解釈すると、単なるアナログのデジタル化（デジタイゼーション）であって、DX（変革）ではないと読めてしまいます。しかし、武田さんのようにすでに「学級経営」を「教える」ではなく「学ぶ」という感覚で進めてきた方にとって、自分の進めたい学級経営にデジタルを取り入れるだけでDXになる方はいらっしゃるでしょう。また、アナログではやりたいと思ってもできなかったことが当たり前にできるようになった！とDXを促進させることができます。

久保木 皆さんと検討していく中で、まだまだ学習者主体に慣れていない自分自身を見つけることができました。もっと自分自身が変わっていく必要があると思いました。

中嶋 実践の本質的な部分をたくさん考える楽しさがありました。それを言語化すると、見方といいますか、メガネみたいなものが手に入ったような感じがして、今までの自分の実践を捉え直すことができるとともに、そこから一歩進んで、こんな実践ができるかなと新しい発想が浮か

んでくることがありました。

薄　皆さんの原稿から刺激を受けました。個人的にはプログラミング教育が大好きなので、プログラミング教育とDXをうまくつなげてもっと楽しく広まっていけば、うれしいと思って書いた面があります。

髙橋　DXで価値観を捉え直したり、アナログからデジタルという視点で考える際に、すごくやりやすくなったり、便利になるだけではないということを感じながら書いていました。学級経営のDXは、教師の価値観や捉え方でDXに変化するものなのかなと思いました。また、原稿を書いていく中で大事にしてきたのは、子どもが主体となることです。教師が「させる」というアプローチをしなくても、子どもたちがやりたくなるということです。学級経営でよく考えていることは、子どもが自己選択できるという環境を最初に整えて最初に先出しすることです。途中で口をはさみたくなったらあまりよくない実践だなと思っています。

大内　この原稿を書き始めたときに5年生を担任し、現在は持ち上がりで6年生を担任しています。この2年間で、自分の中にもDXという概念がアップデートされましたし、学級のありとあらゆることをデジタルに移行していきました。子どもたちにもICTスキルが身に付きました。すると、DXの実現が容易になり、子どもたちからもDX実践が生まれてくるようになりました。学級のありとあらゆることをデジタル化すること、教師の価値観をアップデートすることで、一気にDXが加速することを実感しました。

佐々木　多くの方と同様、最初DXを具体的にイメージできませんでした。調べていく中で阿部さんが学級経営DXを定義する中で示してくれた「SAMR（セイマー）モデル」（第1章17〜18頁参照）や豊福晋平（国際大学グローバル・コミュニケーション・センター主幹研究員・准教授）さんの文章をよく読みました。結果、普段使いの延長線上になることがわかってきました。経済産業省『「未来の教室」ビジョン2.0』の作成に向けての論点整理（2022年6月23日）では、「教育DXとは学習資源の組み合わせを自在にする変革ではないか」と書いてあります。例えば、遠隔などです

かね。いろいろなことが選択できる状況にあるということです。今の教育はあまり選択の余地がありません。SAMRモデルと自分の実践を比較するとAugmentation（拡大）の辺りなので、Redefinition（再定義）に行くのは単にICTを使うのではなく授業などの枠組みを変えていくことだと今更ながらわかってきたところです。

阿部 DXの出発点は「ビジネス」です。ビジネスと教育は目的が異なるので同じ「DX」という言葉を用いても重ならない部分があるでしょう。また、ICT研究者が持論をさまざまに展開していますが、あくまで学校教育におけるDXなので、学校教育実践者としての自負心を持って提案したいですね。

佐々木 大事なことは現場で実践した集積だということです。理論ではなく、実践。現場の教師が提示することに意味があると思います。

「DXポイント！」が本書の目玉

阿部 まずは、実践の感想で話題に上がった「DXポイント！」をテーマに、自由に意見交流していきましょう。

鈴木 皆さんの原稿の共通点として、いわゆる3つの間（ま）「さんま」ですね、「時間・空間・仲間」、この物理的な制限を超越できることです。もう1つは、教師主体の授業づくりから学習者主体の授業づくりに大きく転換できることの2つがあると思います。

佐々木 うん。「さんま」に納得します。原稿にしていませんが、卒業式の前日が地震で臨時休校（2022年3月16日福島県沖地震、宮城県で最大震度6強）でした。地震で不安になっていた子どもたちは、「Google Classroom」（クラウド）でやりとりして、安否確認をしていました。私も子どもたちに声をかけ、連絡することができました。今までできなかったことを、端末やクラウドでできるようになりました。

阿部 東日本大震災のときとは違う動きができたということですね。

鈴木 私は、卒業式前日の地震で勤務校の体育館が使用不可能となりま

した。当時、教務主任だった私が中心となって、一晩で計画を大きく変更する二度とないであろう体験をしました。卒業式は音楽室でやることになりました。音楽室なら子どもたちは、体育館とほとんど同じ動線で行えます。しかし、保護者は全員が入ると密になってしまう問題がありました。「Google Meet」で別室に中継し、証書授与のところだけ順番に家族で会場に入ってもらうことにしました。2年前の2019年度はコロナで全国一斉休校になり、保護者が全く入れない卒業式を私は経験しました。今だったら、オンライン中継をするなどの選択肢があるわけです。どちらも温かく忘れられない卒業式になりましたが、情報機器は2年間で大きく進化しました。久保木さんの卒業式の原稿などと重なりますね。東日本大震災を経験している東北のメンバーがほとんどなので共感してもらえると思いますが、緊急事態だからこそ、DXは導入しやすいかもしれません。そして、緊急事態で生きることは、日常づかいでも役立つということを私たちは全国の誰よりも実感しています。あとは、決断をする立場の人の度量や柔軟性といいますか、許容できる考え方の広さというのがDXの普及には、めちゃくちゃ大きく影響すると思います。

佐々木 コロナの現場も似たような感じですね。コロナで長期離脱する子どもがいます。対面授業の様子をオンラインでそのまま配信するなど、今までできなかったことの1つですよね。原稿に書きましたが、集会も全校で集まれないなら、オンラインでやるという発想とかね。大変な環境の中でも工夫次第でなんとかなると思える部分も端末利用のポイントでしょうね。

価値観とDXの関係が可視化されるエピソード

髙橋 価値観とDXの関係というキーワードがありましたが、エピソードの内容次第では、言葉のニュアンスの捉え方が変わります。同じ文章でもそこに背景やエピソードがあるかないかでDXと受け取れるか受け取れないかが違ってきます。

菊池　現在、主幹教諭として、先生方の授業を参観する機会がたくさんあります。この本を執筆するようになって、先生方のICT活用法やDXになっているかといった視点で授業を見るようにもなりました。すると、我々が話している子ども主体か教師主体の授業かでDXかそうでないかが違うように感じるようになりました。教室では結構二分されていて、子ども主体の授業をしている方だと、ICTをうまく活用して、DXにつながっていると思いました。また、教科の特性にもよりますが、活動中心の授業だとDXにフィットしやすいと感じています。例えば、中嶋さんの体育の実践がそうです。ほかにも1人学びや係活動も子ども主体です。これらがDXができない制約を外すキーワードになるかもしれません。先ほど話していた2011年では少数だったものが今では当たり前になっていることを考えると、子どもたち主体の考え方や時間、空間を越えることに関しても、今我々のやっていることが数年後には当たり前になっている可能性があると思いました。

鈴木　菊池さんの感覚だと2つの道に分かれて行っている感覚ですか。

菊池　指示発問型、教師中心の授業のICT活用は、タブレットの使い方を揃えていることが多いと感じています。一方、子ども主体の授業では結構タブレットの使い方を子どもたちに委ねて任せていますね。これに「DXポイント！」が入るとその勢いが倍増しそうだなというイメージです。先日、本校で図工の研究授業を参観しました。授業者は、授業の始めに、目標や価値、条件、注意事項等の説明はしましたが、その後は子どもたちに任せていました。途中、ある子の活動に注目させて「こんないいところがあるね。ほかにもいい活動をしている人、いるかな」とほかの子に投げかけました。そして、子どもたち同士で見せ合って、こういうやり方もあるんだという視点を広げたうえで、「じゃあもっと進めてみよう」としたわけです。その結果、子どもたちの活動がさらに広がっていきました。最後、子どもたち同士でお互いの作品を見せ合い、ほめ合い認め合う姿を見て、活動型の授業はDXにフィットしやすいのかなと思ったのでした。

佐々木　私もそう思っていて、一斉指導ベースですすめると端末の利用は少なくなり、個別化、協働化はICTで加速する部分があると思います。

中嶋　私も菊池さんの話を聞いていてそうだよなと思うところがあります。この原稿を書いていて何がDXなんだろうと、ずっと考えてきました。最後に立ち返ったのはもともと自分が大事にしてきたどうしたら子ども全員が活躍できるのかとか、どうしたら子ども同士がお互いのいいところを知り合えるのか、ですね。それをどう実現できるかというときにDXが使えるかもということなのかなと。そういう方向性を持っていないとただその道具（ICT）を使っています、となります。DXってすごく新しいことを求められているように見えるけれど、結局自分がやりたかったことをやるにはこれを使えば一気に飛び越えられる、というものがDXなのかなと思います。

菊池　なぜ先ほどの話をしたのかなのですが、髙橋さんが話されていた、そのエピソードの部分によってとらえ方が違うということに共感したからです。本書の2回目の原稿検討オンライン会議のときに、エピソードがとても大事であることを、阿部さんがおっしゃって以後、とても意識するようになりました。ほかの皆さんの原稿のエピソードを読んで共通しているのが子ども主体であることですね。表現には違いがありますが、「なるほど、こういうふうに子どもたちが関わったときにDXになりやすいのだな」と発見がありました。

武田　私も、エピソードでその意味合いが変わってくるという話に共感します。子ども主体となったとき、究極的にはその個人がどんな学びをしていたかどうかに対してサポートできるか否かということだと思います。今まで1対40では無理だったが、ICTを上手に使うことで40人の活動をサポートする幅が増えることを感じます。今までいちいち計画を教師が立てて全体に指示していたことが子ども同士で共有できるようになって、個々人に対するサポートがとてもしやすくなったことがICTのいいところですよね。

DX を広げる視点

鈴木　先ほどの「DX ポイント！」ですが、１つ目は「さんま」を物理的に超越する、２つ目は教師主体から学習者主体へ、そして、３つ目は教師も「楽（ラク）」ですかね。このラクというのは、心身のゆとりというラクもあるでしょうが、やりたい授業が実現できる「楽しい」というラク、になりますかね。どうですか？

清野　学校で ICT 推進するときは「楽しい」というラクを先生たちに強調していかないととっつきにくいですね。ものはあるのに実践しない先生たちはそこからなのかなと思います。DX 以前に職員室内の熱量の違いを感じます。

鈴木　面白いですね。端末を使って「さんま」を超えていきましょう、そうすれば学習者主体の授業になって僕らもラクできますという流れじゃなくて、教師がラク（楽しい）できますよ。そのためには、学習者主体の授業がいいですよ。それには端末を使っていくといいですよ、というほうが広がりやすい現場があるということですか。

阿部　ICT を使うことで教師の仕事はラクになりますよという呼びかけは昔からありました。それでも広がりませんでした。今も一方向的な授業をくり返し行っていて、不便を感じないから ICT を使う必要がないに結びつくと想像します。清野さんが最初の発言でおっしゃった価値観に関係しますが、一方向的に情報を多くの子どもたちに伝えるでよしという価値観で進めていれば ICT の必要感はないし、あっても ICT の使い方は全く異なると思います。

薄　実際子どもたちがこれから生活していくうえでデジタルを使わないとか誰とも協働しないというのはありえないと考えている人は授業でも ICT を活用してみようと思っていると思います。価値観がいつどこでどうやって形成されるかわかりませんが、教師がラクという捉え方には違和感を感じます。子どものためになるか、という感じでしょうか。なん

かそんな違いがある気がします。

阿部　今の話だと価値観の転換というのは学校全体からではなく草の根のような個人の先生が神経衰弱のように1枚1枚と裏返しにされていって広がっていくという感覚ですか。

薄　うーん、なんといえばいいのでしょうか。

佐々木　GIGAスクール構想で1人1台端末が広がっているじゃないですか。そのことは割と保護者も知っています。すると使いたくない先生も使わざるを得ない状況になっていますよね。しかもうちの市あたりでは、「使いなさい」という通達がくるわけです。現時点では使うか否かではなく、どのように使ったらよいかが出発点になっていますね。そうなるとちょっとしたきっかけで学習者主体のよさに気づく可能性がありますね。阿部さんが言った神経衰弱のようにパタパタと誰かが面白そうなことをやっていると食いついてくる人が必ずいて、イノベーターからアーリーアダプターに広がっていきます。どうしても変わらない人や変わりたくない人との間にいる中間層の人たちがどっちに動くかで学校全体のICTの体制が決まるように思います。うちの学校では、私が算数の授業で自由進度学習をやっている話を聞きつけて、授業を見に来る人がいました。それがだんだん広がっています。2学期からやりたいですという先生もいます。

阿部　すごいですね。学校公開すべきですね。

佐々木　いえいえ。だから、端末活用にしても学習者主体の授業に関しても面白がってくれる人がいるか、ついてきてくれる人がいるかが価値観の転換に関係するかなと思いました。

髙橋　今の話に関して、タイピング練習がキーになると思います。全学年タイピングスキルのベースがあると、日常使いできるレベルまで上がると思います。端末の使用を広げることに関しては、イノベーター的な方が全校に1人いるのといないのとでは全然違ってきます。私のところにいろんな先生が聞きに来てくださるし、管理職も積極的に使いましょうという方なのでムーブメントが起こりやすい環境です。「宿題をバー

コードで集めるやり方を見つけてきたので、始めます」とか「Classroom
で社会の課題を出して子どもたちに課題をさせてみました」とか日常的
に行うベテランの先生も増えてきて、少しずつ広がっていると実感して
います。

鈴木　キーボードでタイピングを習得すると利用がぐっと上がってきま
すね。初期に投資コストをかける感じかもしれませんけど。

大内　5、6年生と持ち上がりました。持ち上がりってすごく大きいで
すね。子どもたちに身に付くスキルの幅がどんどん広がります。例えば、
子どもたち発信で「先生、これもできます、あれもやっていいですか」
と、まさに DX で子どもたち発信でどんどん生まれたものがあります。

鈴木　今回の原稿で、大内さんのチュートリアル動画の実践（84〜85頁
参照）が画期的でした。機器の使い方を説明する動画を子どもたちが撮
影・編集し、子どもたちの間で共有していく実践です。最初に少し教師
がしかけるためのエネルギーは必要かもしれませんが、その後、子ども
たちがもうその機器の使い方やスキルさえもお互いに学び合っていくこ
とに目玉が飛び出ました。

大内　委員会やクラブ活動などで ICT 活用が苦手な先生が担当していて
も、子どもたちから働きかけてくれるので、多くの先生たちからは助か
ると言われています。子ども発信で広まる事例がうちの学校にはあります。

鈴木　現状のようになるために、5年生の最初の段階で何をしたのか知
りたいです。

大内　初めてのアプリを使う学習だったら、本来2時間の計画を3、4
時間かけて最初のスキル的な部分をざっくり教えます。あとは子どもた
ち同士でわからなかったらお互い聞いてみようね、です。あとは好きな
アプリを使っていいよ、など自由度を上げていきます。最低限ありとあ
らゆるものを使えるスキルはベースとして身につけさせてあげると後々
得られるものが大きいです。

佐々木　私も昨年、一昨年6年生の担任でしたが、やはり自由に使わせ
ることですね。いろんな制約をかけずにとにかく使わせることです。国

語の意味調べなども辞書を使わずに検索する子が出てくるとかね。スキルが上がると作業時間が短縮されます。先ほど話題に出たタイピング習得も大きくて、タイピングのスキルが高い子は、教科の学習のノートをタブレット端末等で取ることができるのがメリットです。そのスキルを習得する時間の確保が必要ですが。

阿部 佐々木さんのおっしゃることに大賛成です。しかし、わざと質問をぶつけるので教えてください。自由に使わせると悪さをしたり、変なことをする子どもがいるから、させたくないという方が一定数出てくると思います。どう応えますか。

佐々木 まず全体にはタブレット端末は包丁と同じだという話をします。包丁は本来料理をする道具だけど、人を傷つける道具にもなる。端末を使って人を攻撃できることも実際に子どもたちはすでに知っています。LINE や SNS いじめや炎上の話をします。一律のルールは決めません。学習のために使おうねっていう程度でした。問題があったときには個別に対応しました。勝手に人の写真を撮って落書きするようなことですね。これは端末の問題じゃなくて個人の問題です。

阿部 教室に掲示している集合写真の誰かの顔に画鋲を刺すとかね。する子はしてしまいますね。ICT に関係なく、以前からある話ですね。

佐々木 端末が悪いんじゃなくて、そういうことをすることが悪いということです。端末を与えたからするという誤解があると思います。

アジャイルであること、失敗から学ぶことを前提とすること

髙橋 ICT にあまり触れていない先生はリスクが当たり前に起こることを知らない気がします。リスクは日常的にたくさん起こるので、その都度対応したり、修正したりするのが当たり前という体で始めてもらえれば、結果的に少ししかトラブルは起こらなかったという感じになると思います。

阿部 最初の髙橋さんの話では「最初に絶対間違わないような説明を考

えて、途中で修正を入れたら失敗」みたいなことを言っていましたね（笑）。

髙橋　はい、なので、先生に広めるときには事前に細かく説明することがあります。先生たちから聞かれたときに「こういうこと、よくあるんですよ〜」と言って、途中や事後にフォローを入れていますけど、あっ、自分の最初の話と矛盾しますね（苦笑）。

阿部　この話を振ったのは髙橋さんを否定したいわけではありません。DXとほぼセットで出てくるビジネス用語に「アジャイル」があります。辞書的には「すばやい」「俊敏な」という意味でビジネス的には「短い開発期間単位を採用する」という意味でアジャイル開発などアプリ開発だと必ず出てくる言葉です。最近は、アジャイルなチームのように日常ビジネス用語として使われる言葉になっています。日本はアンチアジャイル、つまり失敗が許されない文化と指摘する人がいます。髙橋さんが、これからICT活用を行っていこうとしている先生に語ったことはすごく素敵でそのとおりだと思いました。この実践にはリスクを伴うけれど、その都度修正していけばいいよね、と。そこの価値観の転換ですよね。失敗前提で、失敗が許される組織で進めるかというところが大きなポイントになるのではないかと思います。

中嶋　髙橋さんのトラブルが起きる話を聞いて思い出しました。学級活動で係活動が学級経営の柱としてあります。以前先輩に教えてもらったときに係活動は楽しむことだけじゃなく、トラブルがいっぱい起きると言われたことがあります。先輩は起きるから覚悟しとけよという意味ではなくてトラブルを解決することで学級を育てていくことが係活動なんだよと教えてくれたのです。つまり係活動＝トラブル解決活動だと言われたのです。DXも便利な側面ばかりがフォーカスされるけど、子どもたちの横のつながりが強固になってトラブルがむしろあぶり出てくるかもしれない。それをプラスと捉えてよい学級を作るとかよい集団を作ると考えられたら面白いのかなと思って今聞いていました。

久保木　デジタルになったことで失敗がしやすくなりました。文章を書いていて、手直しするのが子どもたち自身、楽になりました。今まで

だったら作文用紙が真っ黒になるような作業をボタン1つでできるとか、中嶋さんの原稿で体育の跳び箱の場面がありましたが、今までだったら先生の目の前で一発勝負が基本だったのが、何度も動画を撮り直してベストな動画を提出できる、デジタル機器が入ったことで何度失敗してもまたやり直しを簡単にできるのがすごいと思います。

阿部 本田さんの卒業文集を作成していく過程を書かれた原稿も何度も修正できるデジタルのよさを体現していますね。

薄 失敗を受け入れられるのは子どもにとって大きいと思います。子どもたち、アナログですけどホワイトボードが好きな子が多いですよね。それは書き直しができるからいいと言っていた子がいました。デジタルは何回でもやり直せるのがすごいと思います。プログラミングもそうですが、デバッグといって試行錯誤できるのはとても大事な力だと思っています。かけ算とわり算の筆算がうまくいかずに書き直すのは子どもたちはなかなかやる気がおきません。デジタルだったら素直に、楽しんでできるところはありますね。

大内 いろいろデジタルに慣れてきた中で、それでもアナログがいいという子も私のクラスに数名います。デジタルをアナログにすることはできないけど、手書きで書いた文章をデジタル写真にするようにアナログをデジタルにはできます。デジタルには選択肢、選択権がどの子にも与えられるのが非常にいいと思います。

鈴木 失敗の話を聞いて、子どもも教師も失敗が気「楽」にできることが「DXポイント！」の3つ目かなと考えました。それが「学級経営でやりたいことが実現できる！」につながってくると、今回の座談会を通して考えました。髙橋さんが、今回の座談会のわずかな時間でも考え方をガラリと変えたように、私たちは変わり続けていかなくてはいけませんね。

佐々木 学級経営がベースで、ICTはそれを効果的にしたり、増幅したりするものでしかありません。DXという考え方の登場で、今までできなかった新しい学級経営を実践する方法が、変わってきているのだと感じました。

おわりに

　学級経営と DX を結びつけて、「学級経営 DX」。

　まだ誰も使っていないこの言葉、響き。ちょっといい感じじゃない？

　そろそろ還暦を迎えようとするおっさんの私のちょっとした発想から
この本の企画が始まりました。

　学級経営には日々力を入れており、もちろん、ICT 活用教育も積極的
に取り入れて学校教育活動を営んでいる執筆メンバーにとっても、いき
なり DX（デジタルトランスフォーメーション）と言われて戸惑うばかりだっ
たことと思います。

　しかし、本書の執筆メンバーは皆、尻込みせず、逆に、「なんだかお
もしろそうですね。やってみましょう。というか、ぜひやりたいっ
す！」と前のめりに参加の意思を伝えてきました。そんなメンバーだか
らこそ、書き上げられた本だと考えています。

　DX というトピックはとても「旬」で、ビジネステーマやニュースに
取り上げられると同時に、ビジネス以外と DX を結びつける試みが始
まっています。本文でも取り上げた「教育 DX」などがそうです。新し
いトピックが誕生しますと、それを本格的に取り上げる研究者や実践者
が生まれます。多分、そのような方々からすると本書の内容は DX とは
名ばかりのとても幼い実践紹介に見えることでしょう。

　そういった周囲の評価を（少し）恐れつつ、私たちは果敢に出版に踏
み切りました。理由は大きく 3 つあります。

　第 1 に、まず新しい試みや提案を世に出していこう、問うていこうと
いうことからです。DX は旬で新しい言葉です。だからといって遠巻き
に見たり、おっかなびっくりに見守っていたのでは前に進みません。と
りあえずやってみて、うまくいかなかったらすぐに軌道修正をしていけ
ばいいのです。本文にも書いていますが、このような考え方をアジャイ
ルといいます。それ自体、DX の考え方です。日本社会が世界の動きに
ついていけなくなった原因が、成功体験を重ね、慣習を重んじ、失敗を

恐れて新しいことに取り組むことを恐れてしまっているからといわれています。学級経営 DX を提唱する私たちが言行一致とするためにまずは動き出してみました。

第 2 に、現場のリアルを感じてもらい、ともに歩んでいく仲間を増やしたいからです。DX というと先端の技術やツールを使いこなしてこそ初めてできるというイメージを持っている方が多いことでしょう。それを打破したいと思いました。現在、学校にあるツールでも、DX の発想のもと取り組めば十分に実現可能だということを表現しました。ここに共感し、納得してくださる方が増えれば、次々に学級経営 DX が引き起こされるのではないかと期待します。仲間として広げていってほしいです。学級経営 DX は価値観の転換が最も大切なのだと知ってください。

第 3 に、子どもたちや学校の実情を一番よく知っている現場の人間が泥臭く生み出していくことに価値があるからです。多方面多角度からの DX の開発、提唱があっていいでしょう。その中で、今回私たちは現場の教師が学級経営 DX を生み出し、広げていくことにこだわりました。ここから生み出されたものが、机上の空論ではなく本当に使えるものであると信じるからです。

これらのことから、本書は子どもたちの姿を通して DX を語る体裁になりました。その結果、個々のデジタルツールが今後、新しいツールに取って代わったとしても参照し続けられる本になったと自負しています。この本が、皆さんの学級経営の更新に役立ちましたら幸いです。

令和 5 年 1 月　阿部隆幸

■編著者紹介

阿部隆幸（あべ・たかゆき）

1965年福島県生まれ。上越教育大学教職大学院教授。NPO法人「授業づくりネットワーク」副理事長。主な著書に『「学び合い」×ファシリテーションで主体的・対話的な子どもを育てる！』『学級経営が主役のカリキュラム・マネジメント』『成功する『学び合い』はここが違う！』（以上、学事出版）『全単元・全時間の流れが一目でわかる！365日の板書型指導案』『授業をアクティブにする！365日の工夫 小学1年』（以上、明治図書）などがある。

- -

■著者紹介（執筆順）

髙橋恵大（宮城県公立小学校教諭）
武田直樹（宮城県公立小学校教諭）
薄玲那（福島県公立小学校教諭）
菊池真人（岩手県公立小学校主幹教諭）
中嶋卓朗（宮城県公立小学校教諭）
佐々木潤（宮城県公立小学校教諭）
久保木靖（栃木県公立小学校教諭）
鈴木優太（宮城県公立小学校教諭）
清野弘平（宮城県公立小学校教諭）
本田明菜（福岡県公立小学校教諭）
大内秀平（宮城県公立小学校教諭）
國井あつ子（宮城県公立小学校主幹教諭）

学級経営 DX

60のエピソードで示すデジタル活用の実践

2023年2月10日　初版第1刷発行

編著者——阿部隆幸

発行者——安部英行

発行所——学事出版株式会社

〒101-0051　東京都千代田区神田神保町1-2-5
電話 03-3518-9655
https://www.gakuji.co.jp

- -

編集担当　加藤　愛
装丁　岡崎健二　イラスト　松永えりか（フェニックス）
印刷製本　精文堂印刷株式会社

ISBN978-4-7619-2898-8　C3037